내 주위엔 온통 수학이야 I
종이컵은 왜 모두 똑같은 모양일까?

1판 1쇄 발행 2023년 11월 25일
1판 2쇄 발행 2024년 07월 01일

지은이 장경아 | **발행처** 도서출판 혜화동
발행인 이상호 | **편집** 권지영 | **디자인** nutbug
주소 경기도 고양시 일산동구 위시티3로 111, 202-2504
등록 2017년 8월 16일 (제2017-000158호)
전화 070-8728-7484 | **팩스** 031-624-5386
전자우편 hyehwadong79@naver.com

ISBN 979-11-90049-38-2 (74410)
ISBN 979-11-90049-41-2 (세트)

ⓒ 장경아, 2023
이 책은 저작권법에 따라 보호를 받는 저작물이므로 무단 전재와 무단 복제를 금지하며,
이 책의 전부 또는 일부를 이용하려면 반드시 저작권자와 도서출판 혜화동의 서면 동의를
받아야 합니다.

* 책값은 뒤표지에 있습니다.
* 잘못된 책은 바꾸어 드립니다.

생활 속에서 키우는 수학적 사고력

내 주위엔 온통 수학이야 ①

종이컵은 왜 모두 똑같은 모양일까?

장경아 지음

혜화동

서문

> **" 누구나 내 주변에서
> 수학을 찾을 수 있을 거예요! "**

우리나라 학생들은 '수학'을 정말 열심히 공부하는 것 같아요. 학년이 올라갈수록 수학 공부에 더 많은 시간을 쏟아요. 이렇게 학생들이 수학 공부를 열심히 하는 건 아마도 '수학'이 좋은 대학을 가는 데에 중요한 역할을 하기 때문일 거예요.

그런데 만약 누군가 여러분에게 '수학'이 우리의 삶과 무슨 상관이 있는지 묻는다면 뭐라고 대답할 수 있을까요? 혹시 계산 정도만 하면 살아가는 데에 아무 문제 없다는 생각이 들지 않나요? 국어나 과학, 사회, 영어와 같은 과목은 우리가 생활하는 데 필요할 것 같다는 생각에 의심 없는데 말이에요.

'수학'을 공부하는 가장 큰 이유는 수학을 공부하는 것을 통해 생각하는 힘을 기를 수 있기 때문이에요. 이런 힘은 우리가 살아가며 겪는 많은 문제를 해결하는 데에 도움이 되지요. 하지만 이런 답은 머리로는 이해되지만, 어린이들에게는 잘 와 닿지 않을 수 있어요.

어떻게 하면 어린이들에게 수학은 우리 생활에 꼭 필요하고, 우리 삶을 편리하게 해 준다는 걸 알려 줄 수 있을지 고민하며 주변을 둘러보기 시작했어요. 내 주위에 있는 물건을 유심히 관찰하니 많은 물건 속에 수학이 있다는 걸 알 수 있었답니다.

집에 있는 TV, 의자, 자전거, 컵, 신발에도, 또 필통 속에 있는 가위, 연필에서도 수학을 찾을 수 있어요. 길 위의 자동차 번호판, 신호등에서도 말이에요. 수학은 수학 문제집에만 있는 게 아니라 생활 속에서 누구나 사용하는 물건 속에서 쉽게 찾을 수 있답니다. 정말인지 궁금하다면, 지금부터 내 주변에 어떤 수학이 있는지 같이 만나 봐요!

이 책은 '수학을 배우면 어디에 쓰일까?' 또는 '수학 공부는 도대체 나와 무슨 상관이 있는 걸까?' 같은 생각이 종종 드는 어린이들에게 조금이나마 답이 될 수 있다고 생각해요.

차례

서문 — 4

01.
종이컵은 왜 모두 똑같은 모양일까?

종이컵은 누가 처음 만들었을까? — 9
종이컵은 왜 다 같은 모양일까? — 12
종이컵 재활용, 잘 되고 있을까? — 16
수학 UP! 문해력 UP! 읽고 풀어 봐~! — 18

02.
튜브는 꼭 가운데 구멍이 있어야 할까?

물놀이할 때 튜브만 있으면 안전할까? — 21
튜브는 왜 도넛 모양으로 생겼을까? — 24
내게 딱 맞는 튜브를 고르는 방법은? — 28
수학 UP! 문해력 UP! 읽고 풀어 봐~! — 32

03.
두루마리 휴지는 왜 갑자기 확 줄어들까?

휴지 한 칸 크기는 누가 정한 걸까? — 35
두루마리 휴지는 왜 갑자기 확 줄어들지? — 38
휴지를 바깥쪽으로 걸까? 안쪽으로 걸까? — 43
수학 UP! 문해력 UP! 읽고 풀어 봐~! — 45

04.
같은 40인치 TV인데, 왜 모양이 다르지?

TV 크기를 나타내는 '인치'는 어디를 잰 걸까? — 48
같은 40인치면 모양이 같을까? 다를까? — 51
왜 TV 화면은 점점 옆으로 넓어질까? — 54
수학 UP! 문해력 UP! 읽고 풀어 봐~! — 58

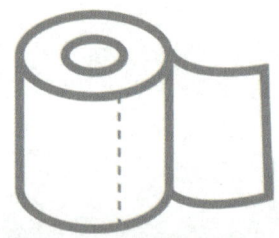

05. 포크 갈퀴는 왜 4개일까?

포크는 언제부터 사용하기 시작했을까? — 61
콕콕! 포크 갈퀴는 몇 개? — 64
용도에 따라 포크 모양도 가지각색? — 68
수학 UP! 문해력 UP! 읽고 풀어 봐~! — 71

06. 연필은 왜 육각형이 많은 걸까?

육각형 연필은 언제 만들어졌을까? — 74
왜 연필은 대부분 육각형일까? — 78
삼각형 연필의 좋은 점은 무엇일까? — 82
수학 UP! 문해력 UP! 읽고 풀어 봐~! — 85

07. 국기는 모두 직사각형 모양일까?

대부분의 국기는 왜 사각형 모양일까? — 88
국기는 다 똑같은 비율의 사각형일까? — 91
국기는 왜 줄무늬, 별 등 비슷한 모양이 많을까? — 94
수학 UP! 문해력 UP! 읽고 풀어 봐~! — 98

08. 바퀴는 꼭 동그란 원 모양이어야 할까?

바퀴는 왜 동그란 원 모양일까? — 101
사각형 바퀴? 삼각형 바퀴도 있다고? — 104
원이 아닌 모양의 바퀴도 굴러갈 수 있을까? — 107
수학 UP! 문해력 UP! 읽고 풀어 봐~! — 110

01.
종이컵은 왜 모두 똑같은 모양일까?

〝 종이컵은 누가 처음 만들었을까? 〞

종이컵을 처음 만든 사람은 1907년 미국 하버드대학교에 다니고 있던 휴 무어라는 대학생이에요. 당시 휴 무어의 매형(누나의 남편)은 생수 자판기를 개발해 사업을 하고 있었는데, 자판기에 도자기 컵을 사용하다 보니 물을 받다가 컵이 깨지기 일쑤였어요.

'어떻게 하면 깨지지 않는 컵을 만들 수 있을까?'

고민하던 휴 무어는 '종이'로 만든 컵을 생각해 냈어요. 종이는 깨지지 않는 데다 가볍고 값도 저렴했기 때문이에요. 단, 종이는 물에 닿으면 젖는다는 큰 단점이 있었어요.

휴 무어는 오랜 실험 끝에 왁스로 코팅해 물에 잘 젖지 않는 종이컵을 만들었고, 종이컵 회사를 차렸어요. 휴 무어는 위생적인 이미지를 강조하기 위해 종이컵 제품의 이름을 '건강한 컵'이라는 뜻으로 '헬스컵(Health Kup)'이라고 지었어요.

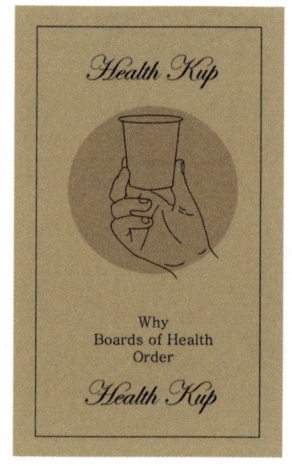

그로부터 얼마 뒤, 한 보건 전문가가 "컵을 여러 사람이 함께 사용하는 것은 무척 비위생적입니다. 전염병을 극복하는 방법은 일회용 종이컵을 사용하는 것뿐입니다."라고 말했어요. 이후 많은 사람은 한 번 쓰고 버릴 수 있는 종이컵을 자주 사용하게 되었답니다.

교과서 속 수학 개념!

종이컵으로 배우는 측정

생활에서 가장 많이 쓰이는 종이컵의 크기는 얼마일까요? 윗부분의 지름은 약 7.2cm, 아랫면의 지름은 약 5cm, 높이는 약 7cm예요. 이때 종이컵의 부피는 6.4oz(온스)로 ml로 바꾸면 약 190ml 정도가 돼요.

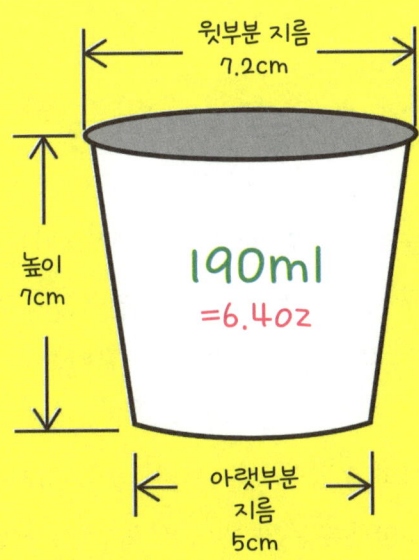

초3 ·· 들이와 무게

요리를 할 때 계량 도구로 종이컵을 많이 사용하기도 하는데, 어떤 재료가 들어가는가에 따라 무게는 달라져요. 우유 1컵은 185g, 밀가루 1컵은 100g, 설탕 1컵은 150g이라고 해요. 요리할 때 종이컵을 이용한다면 식자재에 따라 무게가 달라질 수 있다는 점을 꼭 알아 두세요.

「 종이컵은 왜 다 같은 모양일까? 」

　한 손에 쏙 들어오는 일반적인 종이컵 크기부터, 카페나 패스트푸드점에서 사용하는 길쭉한 종이컵까지 종이컵의 크기는 다양해요. 하지만 모양은 모두 같아요.

　일회용 종이컵의 모양을 살펴보면, 물을 마시는 쪽의 원과 바닥에 닿는 아랫부분의 원이 서로 크기가 달라요. 아래쪽의 원이 더 작지요. 종이컵은 원뿔을 밑면과 평행하게 잘랐을 때 생기는 도형인 '원뿔대' 모양이에요. 뿔 부분을 잘라 내고 남은 나머지가 원뿔대 모양인데, 이를 뒤집으면 종이컵과 같은 모양이 돼요.

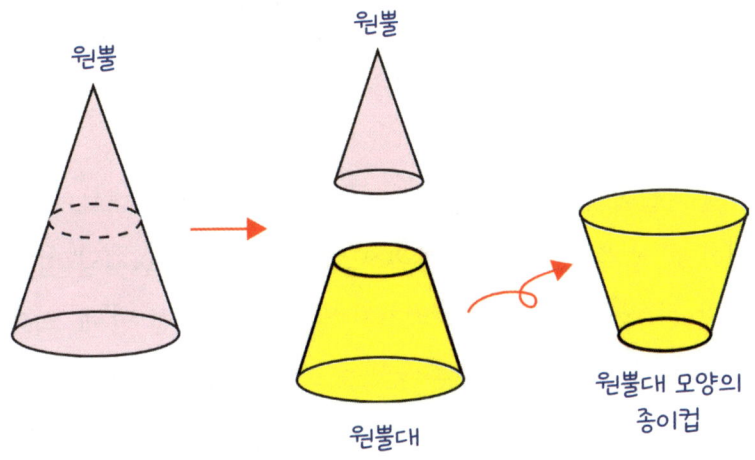

 종이컵 모양이 원뿔대인 이유는 작은 공간에 최대한 여러 개의 종이컵을 보관하기 위해서예요. 만약 종이컵이 음료수 캔과 같은 원기둥 모양이라면 두 밑면의 원 크기가 서로 같아서 겹쳐 쌓을 수 없을 거예요. 좁은 공간에 많은 종이컵을 보관하기 어렵겠지요. 종이컵은 아래로 갈수록 폭이 좁아지는 원뿔대 모양이기 때문에 여러 개를 겹겹이 쌓아 보관할 수 있어요.

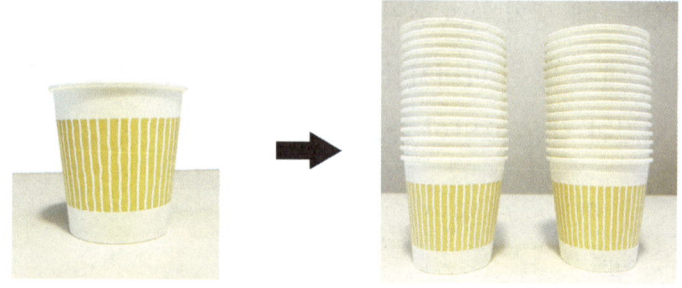

종이컵이 원뿔대 모양일 때는 원기둥 모양일 때보다 더 편하게 쥘 수 있어요. 원뿔대 모양의 종이컵은 엄지와 검지로만 잡아도 아래로 미끄러지지 않아요. 종이컵 안에 뜨거운 음료가 담겨 있을 때 손바닥을 모두 컵에 대지 않고도 안전하게 잡을 수 있어요. 하지만 종이컵이 원기둥 모양이라면 손가락으로 잡았을 때 컵이 아래로 미끄러질 수 있어요.

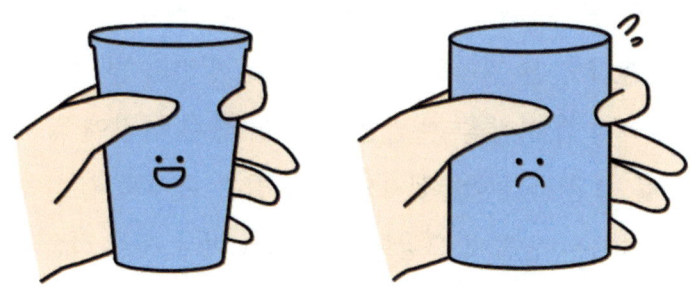

> 생활 속 꿀팁!

종이컵 모양엔 다 이유가 있다?!
① 더 튼튼하게!

종이컵에서 입을 대는 부분은 돌돌 말려있는 걸 볼 수 있어요. 얇은 종이를 돌돌 말면 두께가 두꺼워지면서 종이의 강도가 높아지고, 종이컵의 형태가 잘 유지되거든요. 돌돌 말린 부분을 펼쳐서 사용하면 종이컵이 금세 흐물흐물해지는 것을 확인할 수 있어요. 또, 돌돌 말린 부분 덕분에 입술이 날카로운 종이에 베이지도 않아요.

② 더 따뜻하게!

종이컵의 바닥은 움푹 들어가 있어서 종이컵의 밑면이 직접 바닥에 닿지 않아요. 덕분에 음료의 온도를 더 오래 유지할 수 있지요. 또 종이에 액체를 담아 바닥에 두면 종이가 서서히 아래로 처지게 되는데, 움푹 파인 부분이 있어서 종이가 아래로 처지더라도 안정적으로 서 있을 수 있어요.

〞종이컵 재활용, 잘 되고 있을까?〞

    1년 동안 우리나라에서 사용하는 종이컵 개수는 대략 몇 개나 될까요? 그 수가 너무 많아서 정확한 측정이 어렵지만, 종이컵을 만드는 재료인 펄프의 수입량을 통해 우리나라에서 만드는 종이컵의 개수를 추정할 수 있어요. 1년 동안 만든 종이컵 개수에서 수출하는 종이컵의 개수를 빼면 사용하는 종이컵 개수를 알 수 있는데, 그 개수가 약 200억 개 이상이라고 해요.

이렇게 종이컵을 많이 쓰고 있지만, 재활용되는 종이컵은 약 1% 정도뿐이라고 해요. 이유는 종이컵 안쪽에 물이 새지 않도록 붙인 폴리에틸렌에 있어요. 이 폴리에틸렌을 일일이 떼는 것도 어렵고, 또 사람들이 종이컵을 사용하고 그냥 쓰레기통에 버리는 일이 많기 때문이에요. 종이컵을 많이 사용하는데, 재활용이 잘 이뤄지지 않아 환경 문제가 되고 있어요. 종이컵을 재활용하려면 종이컵 안쪽의 폴리에틸렌을 일일이 떼지 않더라도 종이컵끼리 모아 한꺼번에 버리면 재활용을 할 수 있어요.

일회용 컵 재활용률

플라스틱 컵 약 5%

종이컵 약 1%

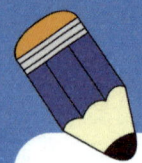

수학 UP! 문해력 UP! 읽고 풀어 봐~!

1. 종이컵에 대한 설명으로 맞으면 ○, 틀리면 ×를 표시하세요.

   ① 종이컵은 미국 하버드대학교에 다니고 있던 휴 무어라는 대학생이 처음 만들었다. (   )
   ② 자판기 컵으로 알루미늄 컵을 사용하다가 비용이 많이 들어 종이컵을 만들게 되었다. (   )
   ③ 종이컵은 한 번 쓰고 버릴 수 있어 위생적이고 전염병을 줄이는 데에 도움이 되었다. (   )
   ④ 종이컵은 원기둥 모양이다. (   )

2. 종이컵은 원뿔대 모양이에요. 원뿔대의 전개도는 어느 것인지 고르세요.

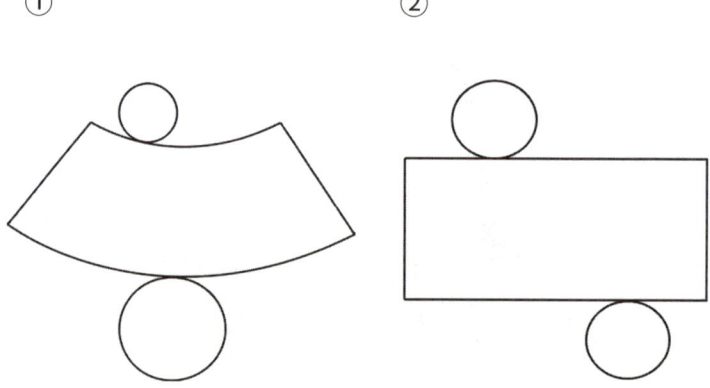

3. 종이컵 모양의 두 가지 특징은 다음과 같아요. 모양의 이유를 써 보세요.

특 징	이 유

4. 종이컵을 원뿔대 모양으로 만드는 이유를 두 가지 찾아 써 보세요.

① _____

② _____

정답

1. ○, ×, ○, ×

2. ①

3. ① 종이를 돌돌 말면 두께가 두꺼워지면서 튼튼해지고, 종이컵의 형태가 잘 유지된다.
   ② 음료의 온도를 더 오래 유지할 수 있고, 안정적으로 서 있을 수 있다.

4. ① 여러 개의 종이컵을 겹쳐 보관할 수 있다.
   ② 컵을 쥘 때 엄지와 검지로만 잡아도 아래로 미끄러지지 않는다.

02. 튜브는 꼭 가운데 구멍이 있어야 할까?

" 물놀이할 때 튜브만 있으면 안전할까? "

　물놀이할 때 꼭 필요한 물건이 바로 튜브예요. 물놀이는 정말 재밌지만 조심하지 않으면 큰 사고가 날 수도 있는데요. 물놀이할 때 튜브만 있으면 정말 안전한 걸까요?

　물놀이 사고의 원인을 조사해 보면 31.3%는 수영을 잘하지 못해서 일어났고, 29.3%는 안전에 주의를 기울이지 않아서 발생한다고 해요. 그리고 물놀이 사고의 8.8%는 튜브가 뒤집히면서 일어나요.

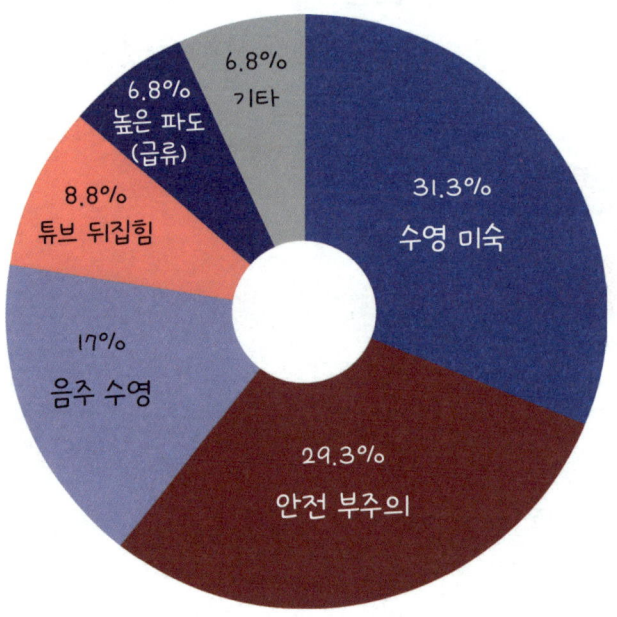

* 자료출처: 2022. 재난연감, 행정안전부

    튜브는 수영을 잘하지 못하는 사람도 물 위에 뜰 수 있게 도와줘요. 하지만 튜브가 있더라도 물놀이 사고는 얼마든지 일어날 수 있다는 점을 기억해야 해요. 바다에서 파도가 몰아쳐서 튜브가 뒤집히거나, 튜브를 타고 떠내려가는 사고도 생길 수 있어요. 또 유아용 튜브의 경우 보행기처럼 발을 넣을 수 있는데, 튜브가 뒤집히면 발을 빼지 못한 채 물에서 빠져나오지 못할 수 있어요. 튜브는 안전을 위한 기구가 아니라 놀이를 위한 기구라는 점을 꼭 기억해야 해요. 물놀이를 할 때는 안전을 위해 반드시 구명조끼를 입어야 한답니다.

생활 속 꿀팁!

튜브에 바람은 꽉 채워 넣어야 할까?

튜브의 바람을 꽉 채워 빵빵하게 채워야 물 위에서 더 잘 뜬다고 생각하기 쉽지만, 바람을 꽉 채우면 튜브가 터질 수 있어서 더 위험해요. 바람을 100% 다 채우지 않고 70~80% 정도만 채워서 터지지 않도록 하는 것이 더 안전하다는 점을 기억하세요!

"튜브는 왜 도넛 모양으로 생겼을까?"

물놀이용 튜브 모양도 무척 다양해요. 과일 모양, 동물 모양, 자동차 모양 등 다양한 튜브가 있어요. 하지만 도넛처럼 가운데 구멍이 난 튜브가 가장 많아요. 왜 그럴까요?

하나. 균형을 잡기에 딱!

직선을 사이에 두고 반으로 접었을 때 완전히 겹치거나, 가운데 한 점을 기준으로 180° 돌렸을 때 처음과 같은 모양이 되는 것을 '대칭'이라고 해요. '원'은 가장 완벽한 대칭 도형이에요. 어떤 방향에서 절반으로 접어도 똑같고, 어떤 방향으로 돌려도 같은 모양이 되기 때문이에요. 원 모양 튜브는 대칭이기 때문에 물 위에서 균형을 잘 잡을 수 있어요.

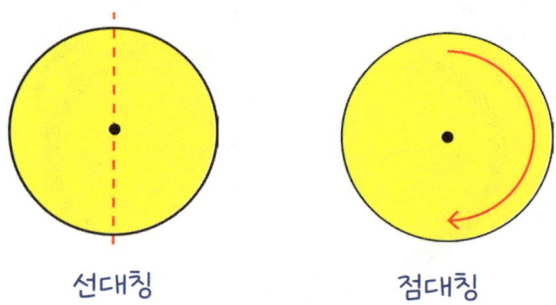

선대칭   점대칭

둘. 구멍이 있어 안전해!

만약 튜브에 공기를 많이 넣는 게 가장 중요하다면 공처럼 동그란 구 모양을 만드는 게 더 좋을 거예요. 하지만 공 모양은 물 위에서 붙잡고 수영하기 어려워요. 동그란 모양이라 물살에 따라 이리저리 움직이고 튕겨 나가기 때문이에요. 도넛 모양 튜브는 안쪽에 동그란 구멍이 있어서 몸통을 끼우고 수영할 수 있고, 안전하고 편하게 튜브를 붙잡을 수도 있어요.

셋. 몸과 닿아도 편해!

튜브처럼 생긴 입체도형을 수학에서는 '원환체'라고 해요. 잘 구부러지는 원기둥이 있다고 생각해 보세요. 원기둥의 윗면과 아랫면이 서로 닿도록 동그랗게 구부려서 붙이면 도넛과 같은 원환체가 만들어져요. 원환체의 모든 부분은 직선이 아니라 곡선으로 되어 있어요. 그래서 몸에 닿았을 때 불편하지 않아요.

교과서 속 수학 개념!

초6 ·· 원기둥의 부피

도넛 모양 튜브의 부피는?

부피란, 넓이와 높이를 가진 입체도형이 차지하는 공간의 크기를 말해요. 원환체는 원기둥을 구부려서 만들기 때문에, 원환체의 부피는 원기둥의 부피와 같아요. 원기둥 밑면의 넓이와 높이를 곱하면 돼요.

원기둥 밑면의 넓이는 반지름×반지름×원주율로 구할 수 있어요.

만약 밑면의 반지름이 20cm이고, 높이가 150cm인 원기둥으로 원환체를 만들었다고 생각해 봐요. 원기둥 밑면의 넓이는 20×20×3.14로 1,256㎠이에요. 여기에 높이를 곱하면 원기둥의 부피이므로, 그 값은 1,256×150=188,400이에요. 원환체의 부피는 188,400㎤이에요.

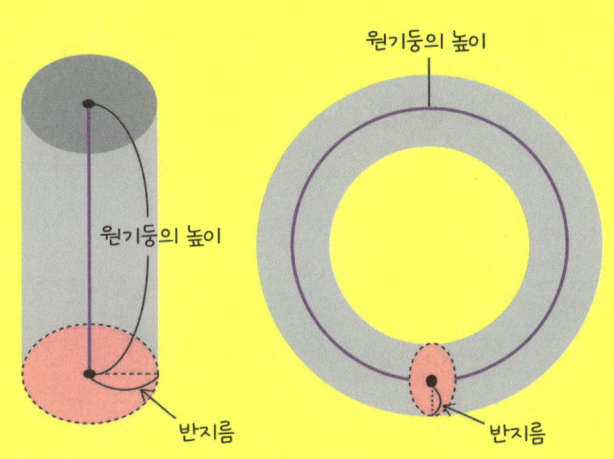

위의 원환체를 잘랐을 때의 단면은 빨간색으로 표시된 원기둥의 밑면과 같고, 원환체의 두께를 반으로 나누는 보라색 선은 원기둥의 높이와 같아요.

❝ 내게 딱 맞는 튜브를 고르는 방법은? ❞

안전한 물놀이를 즐길 수 있도록 나에게 꼭 맞는 튜브를 고르려면 어떻게 해야 할까요?

하나. 내 몸에 맞는 크기를 골라요!

몸집이 크고 무게가 많이 나갈수록 튜브도 큰 것을 사용하는 게 안전해요. 너무 작은 튜브를 타면 튜브가 충분히 몸을 띄워 주지 못하고, 몸이 끼어 위험할 수 있어요. 튜브를 고를 때는 튜브 바깥을 이루는 원의 지름을 확인해 보세요. 단, 나이가 같더라도 사람에 따라 키와 몸무게가 다르므로 지름을 잘 살펴보고 골라야 해요.

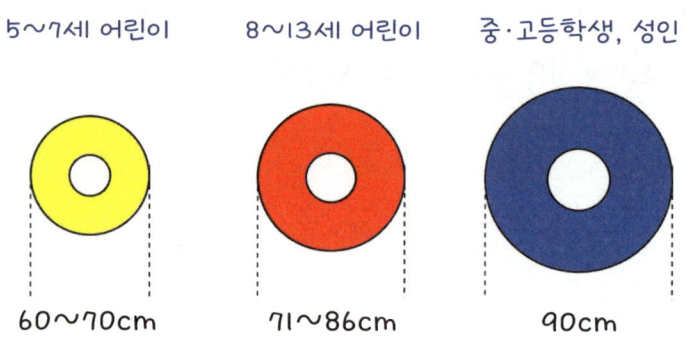

둘. 공기실이 2개 이상인 튜브를 골라요!

공기실(공기가 들어 있는 공간)이 2개 이상으로 나뉜 튜브를 고르는 것이 좋아요. 만약 하나의 공기실이 찢어지거나 터져도 또 다른 공기실이 유지돼 물에 안전하게 떠 있을 수 있어요.

셋. 구멍과 손잡이가 있는 튜브를 골라요!

패션 튜브는 보는 재미가 있지만 대칭이 아닌 모양의 튜브는 균형을 잡기가 어려워 위험할 수 있어요. 또, 구멍이 없는 튜브에 올라타면 발이 바닥에 닿지 않아 물이 조금만 출렁여도 뒤집히기 쉬워요. 구멍과 손잡이가 있는 튜브가 비교적 안전해요.

나는 뒤집히기 쉬우니 조심해서 타야 해~

넷. 안전마크를 확인해요!

우리나라에서 만들어진 튜브의 경우 재질이 몸에 해를 끼치지 않는지, 튜브의 두께가 충분한지, 부력을 유지할 만큼 안전한지 등을 꼼꼼하게 검사해 통과한 제품에만 '국가통합인증(KC) 마크'를 표시해요. 튜브를 사기 전에 KC 마크가 있는지 확인하세요.

교과서 속 수학 개념!

부력을 발견한 수학자, 아르키메데스

튜브가 물 위에 뜨는 이유는 무엇일까요? 그 이유는 '부력의 원리'로 설명할 수 있어요. 이 부력의 원리를 발견한 사람은 고대 수학자인 아르키메데스예요. 목욕을 하다가 부력의 원리를 발견하고는 "유레카~!"를 외친 사람으로 잘 알려져 있지요.

초3 : 들이와 부피

부력은 물에 들어간 물체를 물 밖으로 밀어내는 힘을 뜻해요. 튜브에는 부력뿐 아니라 아래로 잡아당기는 중력의 힘도 작용해요. 중력보다 부력의 힘이 세면 물에 뜨는 것이고, 중력의 힘이 더 크게 작용하면 가라앉는 것이에요.

튜브는 무척 가벼우므로 중력의 힘이 부력보다 작아 물 위에 뜰 수 있어요. 물놀이를 할 때 구명조끼를 입거나 튜브를 사용하는 것은 부력의 힘을 크게 하기 위함이에요.

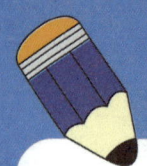

수학 UP! 문해력 UP! 읽고 풀어 봐~!

1. 도넛 또는 튜브와 같이 생긴 입체도형의 이름은 무엇인가요?

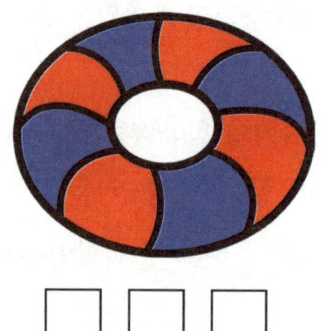

□ □ □

2. 튜브에 대한 설명으로 맞으면 ○, 틀리면 ×를 표시하세요.

① 튜브에 바람을 100% 꽉 채워야 안전하다. (   )

② 튜브는 놀이 기구이므로, 물놀이를 할 때는 구명조끼를 꼭 입어야 한다. (   )

③ 원은 평면도형 중 가장 완벽한 대칭 도형이다. (   )

④ 원기둥의 두 밑면을 붙이면 원환체를 만들 수 있다. (   )

⑤ 튜브는 큰 것을 사용할수록 안전하다. (   )

⑥ 튜브가 터질 수도 있으므로 공기실이 2개 이상인 것을 쓰는 게 안전하다. (   )

3. 밑면의 반지름이 10cm이고, 높이가 80cm인 원기둥으로 튜브 모양을 만들었어요. 튜브의 부피를 구해 보세요.

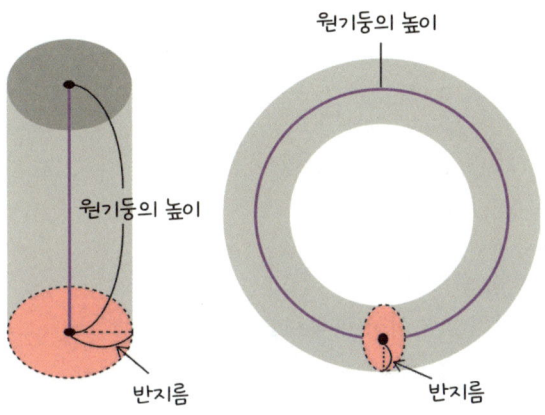

① 식 : _____

② 답 : _____

4. 안전한 물놀이를 할 수 있도록 튜브를 고르려고 해요. 4가지 방법을 써 보세요.

① _____

② _____

③ _____

④ _____

정답

1. 원환체

2. ×, ○, ○, ○, ×, ○

3. ① 식 : 10×10×3.14×80=25,120㎤
   ② 답 : 25,120㎤

4. ① 내 몸에 맞는 튜브를 고른다.
   ② 공기실이 2개 이상인 튜브를 고른다.
   ③ 구멍과 손잡이가 있는 튜브를 고른다.
   ④ 안전마크가 있는 튜브를 고른다.

03.
두루마리 휴지는 왜 갑자기 확 줄어들까?

💬 휴지 한 칸 크기는 누가 정한 걸까?

두루마리 휴지 한 칸은 언뜻 볼 때는 네 변의 길이가 똑같아 보여요. 두루마리 휴지 한 칸은 정사각형일까요? 두루마리 휴지 한 칸은 가로가 11.4cm, 세로 길이가 10cm예요. 가로와 세로 길이가 다르므로 정사각형이 아니라 직사각형이에요. 그럼 두루마리 휴지 한 칸의 길이는 어떻게 정한 걸까요?

1970년대에 우리나라에서 두루마리 휴지를 가장 많이

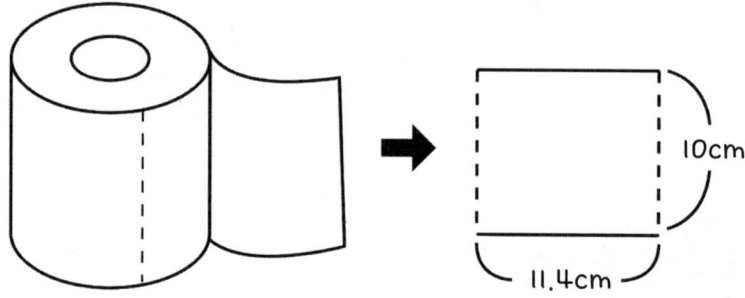

만들었던 '유한킴벌리'라는 회사는 휴지 한 칸의 길이를 두고 고민했어요. 그러다가 사람들이 자신의 손에 휴지를 둘둘 말아 쓰는 경우가 많다는 걸 알게 됐어요. 사람들이 휴지를 한 손에 감고, 다른 한 손으로는 휴지를 쉽게 뜯어낼 수 있도록 만들어야겠다고 생각했지요. 그 결과 휴지 한 칸의 너비를 우리나라 보통 성인의 손 너비보다 1~2cm 크게 정했어요.

 사람들의 손 길이는 제각각이지만 손 너비는 거의 비슷했어요. 제품의 품질 등을 연구하는 곳인 '국가기술표준원'이 조사한 결과, 보통 성인의 손 너비는 약 8.2~8.4cm였어요. 이보다 1~2cm 정도 크게 휴지 한 칸의 너비를 정한 거예요.

생활 속 꿀팁!

화장실에서 휴지를 몇 칸 쓸까?

2017년 유한킴벌리가 조사한 결과에 따르면, 사람들이 용변을 본 뒤 사용하는 휴지 칸의 수가 점점 줄어들고 있다고 해요. 용변 후 물로 닦을 수 있는 비데를 사용하는 사람이 늘어난 데다, 여러 겹으로 만들어진 두꺼운 휴지도 많아졌기 때문이에요.

2009년에는 12.7칸, 2013년에는 11.8칸, 2017년에는 9.8칸으로 점점 사용하는 휴지의 칸수가 줄어들고 있어요. 여러분은 화장실에서 휴지를 몇 칸을 쓰나요?

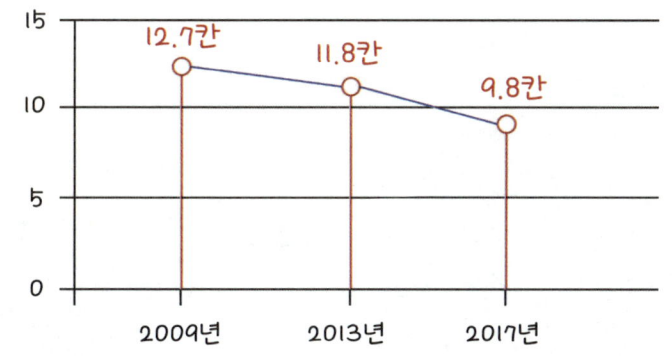

― 화장실에서 사용하는 두루마리 휴지 칸의 수 ―

〝두루마리 휴지는 왜 갑자기 확 줄어들지?〞

두루마리 휴지는 원기둥 모양의 휴지 심에 여러 겹이 돌돌 말려 있어요. 분명 많아 보였던 두루마리 휴지가 갑자기 확 줄어드는 이유는 무엇일까요? 두루마리 휴지 심의 지름은 보통 4cm, 높이는 10cm예요. 하나도 사용하지 않은 새 두루마리 휴지의 전체 지름은 보통 12cm이지요. 휴지 심을 제외한 휴지의 두께는 4cm예요.

휴지를 어느 정도 사용하고 난 뒤, 아래 그림처럼 휴지의 두께가 2cm가 되었다면 휴지의 양은 얼마나 줄어든 걸까요? 4cm였던 두께가 2cm로 줄어들었으니 전체 휴지의 양도 절반으로 줄어든 걸까요?

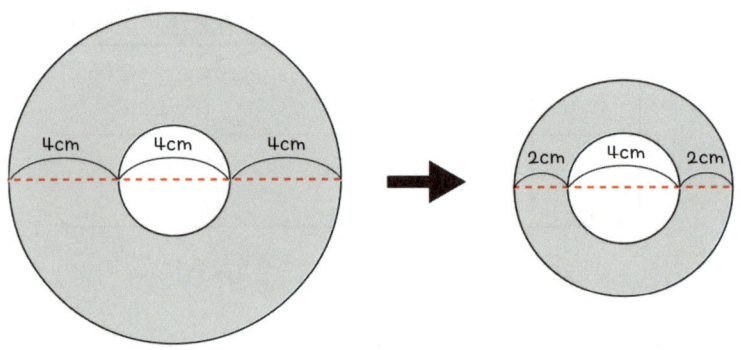

두루마리 휴지 전체를 하나의 원기둥이라고 생각해 봐요. 원기둥의 높이는 그대로지만, 휴지를 쓸수록 원기둥의 밑면인 원의 넓이는 점점 줄어들어요. 원의 넓이가 줄어들수록 휴지의 양도 줄어든다는 뜻이에요.

휴지 심에 말린 휴지의 두께가 4cm에서 2cm로 줄었을 때, 두루마리 휴지의 양이 얼마나 줄어들었는지는 원기둥의 부피를 구하면 알 수 있어요. 전체 원기둥의 부피에서 가운데 휴지 심의 부피를 뺀 만큼이 휴지의 부피예요.

다음 그림을 보면 새 휴지의 부피는 1004.8㎤, 쓰다 남은 휴지의 부피는 376.8㎤이에요. 두루마리 휴지의 두께는 4cm에서 2cm로 절반이 줄었지만, 남은 휴지의 양은 절반보다 더 많이 줄었어요. 보는 것보다 실제로는 휴지가 더 적게 남은 거예요. 사람들이 휴지의 두께만 보고 휴지의 양을 판단하기 때문에 휴지가 갑자기 사라지는 느낌이 드는 거예요.

새 휴지의 부피

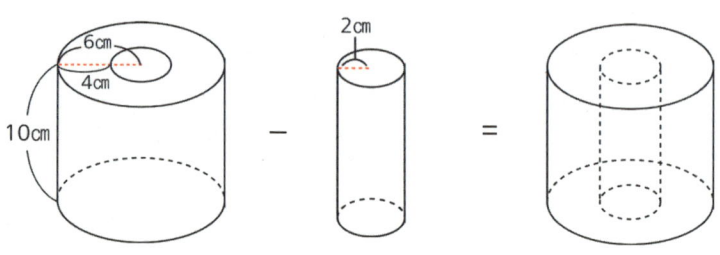

6×6×3.14×10=1130.4㎤   2×2×3.14×10=125.6㎤   1130.4-125.6=1004.8㎤

쓰다 남은 휴지의 부피

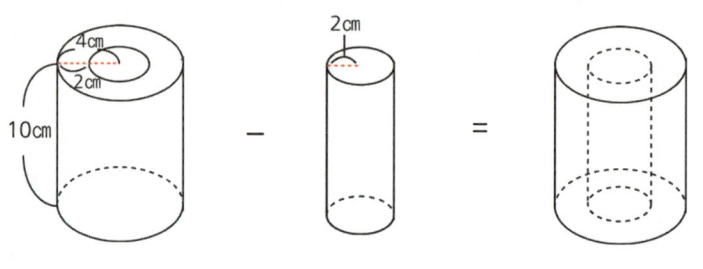

4×4×3.14×10=502.4㎤   2×2×3.14×10=125.6㎤   502.4-125.6=376.8㎤

새 휴지의 부피 - 쓰다 남은 휴지의 부피 = 사용한 휴지의 부피

1004.8㎤ - 376.8㎤ = 628㎤ 줄었어요!

교과서 속 수학 개념!

원의 넓이와 원기둥 부피 구하기

원의 넓이=반지름×반지름×원주율이에요.
원주율은 원의 지름에 대한 둘레의 비율을 뜻해요.
3.141592…로 끝없이 이어져요. 약 3.14로 계산해요.

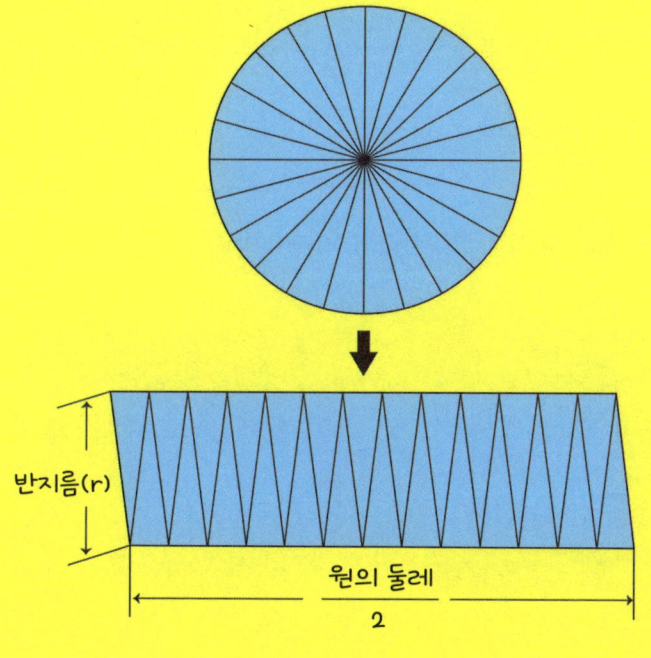

초6 ·· 원의 넓이와 원기둥의 부피

원을 잘게 부채꼴 모양으로 자른 후, 오른쪽 그림처럼 배열하면 직사각형 모양과 비슷해져요. 조각의 개수를 아주 많게 한다면 거의 직사각형이 돼요.

원의 넓이 = 직사각형의 넓이 = 가로 × 세로

$= \dfrac{\text{원의 둘레}}{2} \times \text{반지름}$

= 원주율 × 원의 지름 × $\dfrac{1}{2}$ × 반지름

= 원주율 × 반지름 × 반지름이에요.

원기둥의 부피 = 원의 넓이 × 높이예요.

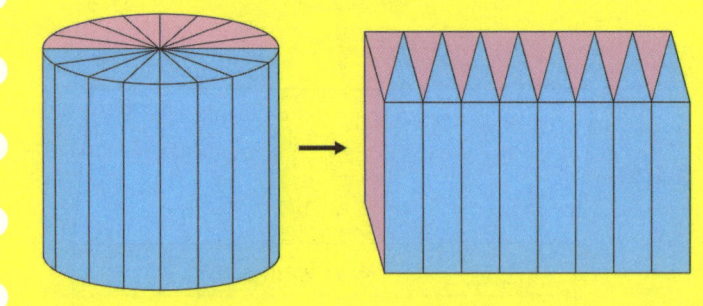

"휴지를 바깥쪽으로 걸까? 안쪽으로 걸까?"

여러분의 집 화장실에는 두루마리 휴지의 마지막 칸이 바깥쪽을 향해 걸려 있나요? 아니면 벽 쪽에 가깝게 걸려 있나요? 어떻게 걸어도 사용하는 데에는 큰 문제가 없지만, 두루마리 휴지가 개발된 이후로 휴지 거는 방법에 대한 논쟁은 이어지고 있어요.

바깥쪽이라고 주장하는 사람들은 휴지가 바깥에 있으니 쉽게 잡기 편하고, 화장실 벽에 있는 오염 물질이 휴지에 닿지 않은 걸 장점이라고 했어요. 또 화장실 벽에 습기가 있는 경우에도 화장지가 눅눅해지는 게 덜하다고 말했지요.

안쪽이라고 주장하는 사람들은 화장실 벽면의 습기보다 샤워를 하다가 튀는 물기로 휴지가 젖는 경우가 많으니 안쪽으로 거는 것이 좋다고 주장했어요. 또 안쪽으로 거는 것이 휴지가 덜 풀어져 어린아이가 있거나 반려동물이 휴지를 풀어놓는 걸 방지할 수 있다고 했어요.

우리 집 휴지는 어떻게 걸려 있지?

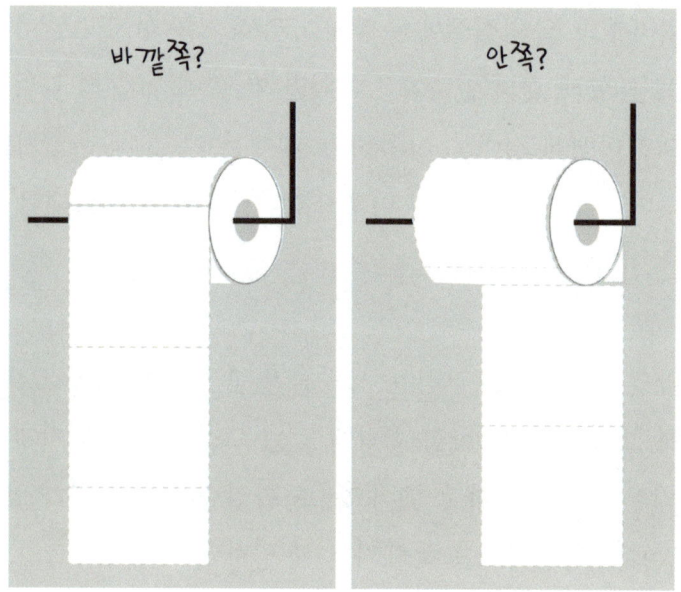

　지금과 같은 두루마리 휴지는 세스 휠러가 1891년 처음 개발했어요. 세스 휠러가 그린 그림에는 두루마리 휴지가 바깥쪽을 향해 걸려 있어요. 여러분의 집에는 휴지가 어떻게 걸려 있나요?

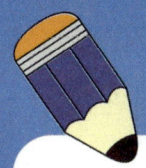

수학 UP! 문해력 UP! 읽고 풀어 봐~!

1. 두루마리 휴지 한 칸을 나타낸 것이에요. 가로와 세로 길이를 각각 써넣어 보세요. 또 두루마리 휴지 한 칸은 어떤 도형인지 쓰세요.

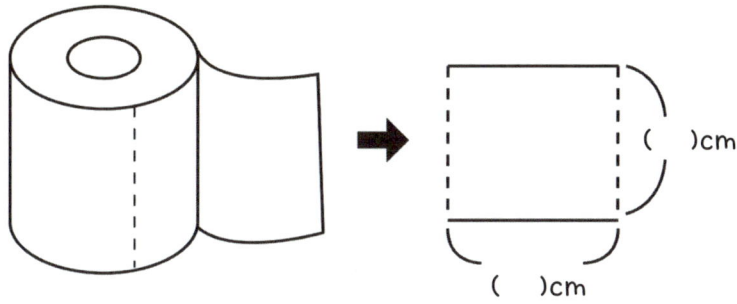

두루마리 휴지 한 칸은 ☐ 이다.

2. 두루마리 휴지 한 칸의 가로 길이는 어떻게 정한 것인가요? 이유를 찾아 써 보세요.

_____

_____

3. 두루마리 휴지의 부피를 구하려고 해요. 두루마리 휴지의 부피는 전체 원기둥의 부피에서 휴지심의 부피를 빼면 구할 수 있어요.

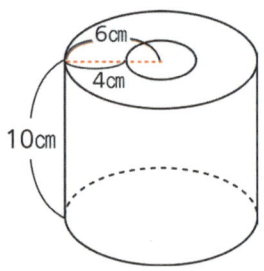

㉠ 전체 원기둥의 부피
  식 :
  부피 = _____
㉡ 휴지심의 부피
  식 :
  부피 = _____
㉢ 두루마리 휴지의 부피 = ㉠-㉡ = _____

4. 두루마리 휴지를 바깥쪽으로 걸었을 때의 장점을 두 가지 써 보세요.

_____

_____

정답

1. 가로 11.4cm, 세로 10cm, 직사각형

2. 사람들이 휴지를 한 손에 감고 쓰는 것을 보고 성인의 손 너비가 8.2~8.4cm인 것을 참고해 이보다 1~2cm 크게 11.4.cm로 길이를 정했다.

3. ㉠ 6×6×3.14×10 = 1130.4㎤
   ㉡ 2×2×3.14×10 = 125.6㎤
   ㉢ 1130.4-125.6 = 1004.8㎤

4. ① 쉽게 잡기 편하다.
   ② 화장실 벽에 있는 오염 물질이 휴지에 덜 닿는다.
   ③ 화장실 벽에 습기가 있는 경우에도 화장지가 눅눅해지는 게 덜하다.

> 04.
> 같은 40인치 TV인데,
> 왜 모양이 다르지?

〝 TV 크기를 나타내는 '인치'는 어디를 잰 걸까? 〞

전자 제품 매장에 가 보면 다양한 크기의 TV를 볼 수 있어요. TV 화면의 크기는 '인치'라는 단위를 써서 나타내요. 인치는 주로 미국이나 영국에서 쓰는 길이 단위예요. 우리나라에서는 길이를 나타내는 단위로 '센티미터(cm)'나 '미터(m)'를 쓰기 때문에 낯설 수 있어요. 센티미터와 미터는 대부분의 나라에서 길이를 나타낼 때 쓰는 표준 단위예요. '미터법'이라고도 하지요.

화면 크기 40인치 = 약 101.6cm

    1인치는 손가락 한 마디 정도의 길이로 약 2.54cm예요. 40인치를 센티미터로 바꾸면 40 × 2.54 = 약 101.6cm예요. TV가 40인치라고 할 때는 TV의 대각선 길이를 말하는 것이에요. 대각선은 다각형에서 서로 이웃하지 않는 두 꼭짓점을 잇는 선분을 말해요. 미국에서 처음으로 TV를 만들었기 때문에 미국에서 쓰는 단위인 인치를 사용해 TV 화면의 크기를 표현했다고 추측하지요.

    TV 크기를 나타낼 때 왜 가로와 세로 길이가 아닌 대각선의 길이를 재서 표현한 걸까요? 가로와 세로 길이로 표현

하면 정확하게 TV 크기와 모양을 알 수 있어요. 하지만 두 가지를 표현해야 하니 조금 번거로워요. 반면 대각선의 길이로 나타내면 하나의 수로 TV 화면의 크기를 나타낼 수 있어 편리해요.

하지만 단점도 있어요. TV의 모양이 다양해지면서 대각선 길이만으로는 가로와 세로의 길이가 얼마인지 알 수 없다는 점이에요. 그래서 TV를 살 때 TV의 가로와 세로의 길이를 알아야 TV가 어떤 모양인지, 화면의 넓이가 얼마인지 알 수 있답니다.

교과서 속 수학 개념!

초2 :: 길이 재기

길이를 잴 때 가장 많이 쓰는 단위, '미터'

'길이'란 한쪽 끝에서 다른 쪽 끝까지의 거리를 뜻해요. 길이를 재는 단위 중 가장 많이 사용하는 것이 '미터(m)'예요. '잰다'라는 뜻의 그리스어 메트론(metron)과 라

라틴어 메트룸(metrum)의 앞글자를 따서 m을 사용해요. 1m의 100분의 1이 1cm, 1cm의 10분의 1은 1mm예요. 또 1000m = 1km랍니다.

1cm(센티미터) = 10mm(밀리미터)
1m(미터) = 100cm(센티미터)
1km(킬로미터) = 1000m(미터)

초3 ·· 시간과 길이

" 같은 40인치면 모양이 같을까? 다를까? "

다음의 두 TV는 모두 40인치 TV 화면이에요. 모두 대각선의 길이가 40인치 TV예요. 요즘 TV는 대부분 오른쪽 TV와 같이 가로로 길쭉한 직사각형이 많아요. 하지만 2000년 이전 TV는 대부분 왼쪽과 같이 정사각형에 가까운 직사각형이었어요. 두 TV는 모두 40인치이지만 모양이 달라요. 왼쪽 TV는 가로와 세로의 비가 4:3이고, 오른쪽 TV는 16:9랍니다.

4:3인 40인치 TV   16:9인 40인치 TV

교과서 속 수학 개념!

초6 :: 비와 비율

두 수의 크기를 비교하려면? '비'를 써~!

비는 두 수의 크기를 비교할 때 사용해요. 예를 들어 TV 화면의 가로와 세로의 비가 4:3이라는 것은 가로의 길이가 4일 때, 세로의 길이가 3이라는 것을 뜻합니다. 앞에 오는 수가 비교하는 양, 뒤에 오는 수가 기준이 되는 양이에요. 아래와 같이 쓰고, 읽을 때는 '4 대 3'이라고 읽어요.

4 : 3

크기가 40인치로 같은 두 TV 화면은 한눈에 보아도 모양이 달라요. 그렇다면 넓이는 같을까요? 다를까요? 두 TV의 가로, 세로의 길이를 재고, 넓이를 구해 보니 다음과 같았어요.

	4:3 TV	16:9 TV
화면 크기(인치)	40인치	40인치
가로(cm)	81.28cm	88.55cm
세로(cm)	60.96cm	49.81cm
넓이(cm^2)	4954.83cm^2	4410.68cm^2

TV 화면의 넓이를 '가로 × 세로'로 계산해 보니 가로와 세로의 비가 16:9인 TV가 4:3인 TV보다 화면이 작다는 걸 알 수 있어요. 사실 이러한 결과는 직접 계산을 하지 않아도 사각형의 성질을 알면 알 수 있어요. 대각선의 길이가 같은 여러 모양의 사각형 중에서 가장 넓은 사각형은 정사각형이기 때문이에요. 길쭉한 사각형이 될수록 넓이는 작아져요.

교과서 속 수학 개념!

초4 ∴ 사각형

'직사각형'과 '정사각형', 어떻게 달라?

수학에서 네 각이 모두 직각인 사각형을 '직사각형'이라고 해요. 그리고 네 각이 모두 직각이고, 네 변의 길이가 모두 같은 사각형을 '정사각형'이라고 해요. 직사각형 중에서 네 변의 길이까지 같은 사각형이 정사각형이란 뜻이에요.

❝ 왜 TV 화면은 점점 옆으로 넓어질까? ❞

세상에 처음 등장한 TV의 모양은 가로와 세로의 비가 4:3으로 정사각형에 가까운 모양이었어요. 여기에도 나름의 이유가 있어요. 영상 화면의 비율을 처음 결정한 건 발명가 에디슨이 세운 회사의 직원이었던 윌리엄 케네디 딕슨이란 사람이었어요. 케네디 딕슨은 영화를 스크린에 비춰 주는 기계인 '키네토스코프'를 발명했어요. 이 기계에 필름을 돌돌 감아서 기계에 넣어야 했기 때문에 필름 가장자리에 구멍이 있었어요. 구멍 4개마다 하나의 화면이 들어가도록 만들었지요.

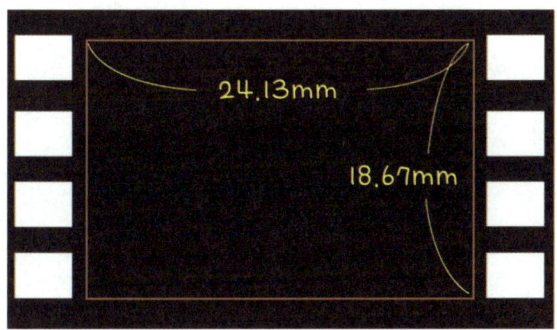

 이때 필름 속 화면의 가로, 세로 길이는 각각 24.13㎜, 18.67㎜로 이를 비로 나타내면 약 3.87:3이었어요. 거의 4:3에 가까운 비율이에요. 이 비율이 영상 화면의 표준이 되었고, TV가 처음 만들어질 때도 그대로 적용되었어요.
 오늘날 가장 많이 쓰는 TV는 화면의 비가 16:9로 4:3보다 가로로 길쭉한 사각형이에요. 디지털 영상이 점점 많아지면서 사람들은 아날로그 TV를 디지털로 바꾸게 되었고, 16:9 비의 TV가 많아졌어요.

최근에는 16:9뿐 아니라 21:9, 32:9와 같이 가로가 더 길쭉한 TV도 볼 수 있어요. 21:9 TV는 영화를 보는 극장 스크린과 같은 비라 마치 극장에서 영화를 보는 것 같은 기분을 느낄 수 있어요. 또 32:9 TV는 양쪽으로 더 넓은 시야를 보면서 게임을 즐길 때나, 여러 화면을 동시에 보면서 일을 할 때 쓰여요. TV 모양에 따라 기능도 다양하니까 필요에 맞게 TV 모양도 선택할 수 있답니다.

생활 속 꿀팁!

1. "아날로그 TV는 정사각형에 가까운 4:3"

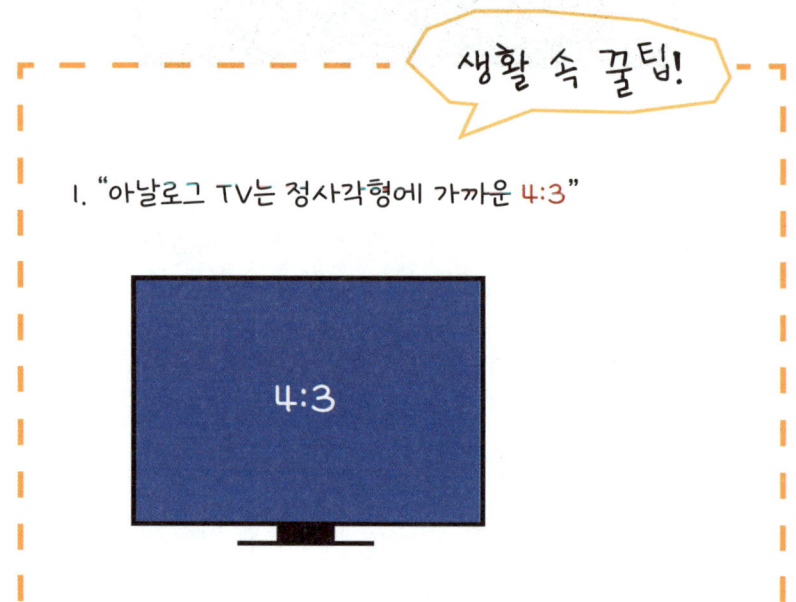

2. "디지털 TV가 나온 후부터 지금까지도 가장 많이 쓰는 16:9"

3. "영화관과 비슷한 느낌으로 보고 싶다면 21:9"

4. "넓은 시야를 보며 즐기는 게임을 할 땐 32:9"

수학 UP! 문해력 UP! 읽고 풀어 봐~!

1. TV 화면에 대한 설명으로 옳지 않은 것을 모두 고르세요.

   ① TV의 크기가 40인치라는 것은 직사각형의 가로의 길이를 뜻한다.
   ② 세상에 처음 나온 TV 화면은 가로와 세로가 4:3인 직사각형이었다.
   ③ 같은 40인치 TV라면, 화면의 넓이가 같다.
   ④ 점점 가로로 긴 직사각형 TV가 많이 나오고 있다.

2. 다음과 같이 TV 화면의 비를 알고 있을 때, 빈칸에 들어갈 가로 또는 세로의 길이를 써넣으세요.

가로의 길이 : 40cm
세로의 길이 : (   )cm

가로의 길이 : 80cm
세로의 길이 : (   )cm

가로의 길이 : (   )cm
세로의 길이 : 45cm

가로의 길이 : 96cm
세로의 길이 : (   )cm

3. 다음 글에서 빈칸에 들어갈 말을 순서대로 쓴 것을 고르세요.

> TV는 □□□□ 모양이에요. 네 각의 크기가 모두 직각인 사각형을 뜻해요. 네 각의 크기가 모두 직각인 사각형에서 네 변의 길이까지 같은 사각형은 □□□□이에요. 대각선의 길이가 같을 때, 넓이가 가장 넓은 사각형은 □□□□이에요.

① 직사각형, 정사각형, 직사각형
② 직사각형, 정사각형, 정사각형
③ 직사각형, 직사각형, 정사각형
④ 정사각형, 정사각형, 정사각형

4. 아래의 '인치'와 '센티미터'의 관계를 이용해, 빈칸을 채워 넣어 보세요.

$$1인치 = 2.54cm$$

① 42인치 = (　　　)cm
② 65인치 = (　　　)cm

5. 최초의 TV 화면이 가로와 세로의 비가 4:3인 이유는 무엇인가요?

_____

_____

정답

1. ①, ③번
   ① TV의 크기는 대각선의 길이를 뜻한다.
   ③ 같은 40인치 TV라도 가로와 세로 비에 따라 화면의 넓이가 다르다.

2. 30cm, 45cm, 105cm, 27cm

3. ②번

4. ①106.68cm ②165.1cm

5. TV가 나오기 이전에 영화를 상영하기 위한 스크린 필름의 가로, 세로의 비가 약 4:3이었는데, 그 비율을 TV를 만들 때 그대로 사용했기 때문이다.

05. 포크 갈퀴는 왜 4개일까?

❝ 포크는 언제부터 사용하기 시작했을까? ❞

포크(fork)는 '갈퀴'를 뜻하는 라틴어 '푸르카(furca)'에서 유래됐어요. 포크가 식사 도구로 쓰이게 된 건 400년도 채 되지 않았어요. 서양의 다른 식사 도구인 나이프(칼)나 스푼(숟가락)과 비교하면 한참 뒤부터 사용하게 되었어요.

과거에는 포크가 식사 도구로 꼭 필요하지 않다고 여겼어요. 구운 고기를 자르려면 나이프가 필요하고, 국물 음식을 먹으려면 스푼이 필요했어요. 국물이 아닌 음식은 대부분 손으로 먹었지요.

종교적인 이유로 포크를 쓰는 것을 반대하는 사람들도 있었어요. 바다의 신 '포세이돈'이 들고 있는 삼지창이나 검투사(칼을 가지고 싸우는 사람)들이 사용하는 무기와 비슷하게 생긴 도구를 신성한 식탁에 올려서는 안 된다는 이유였어요.

또, 신은 이미 포크보다 완벽한 손가락을 인간에게 주었기 때문에 손가락을 이용해야 한다는 주장도 있었어요. 포크를 '악마의 도구'라고 부를 정도였지요.

하지만 포크를 사용하면 손에 음식을 묻히지 않아도 된다는 점 때문에 유럽의 귀족들 사이에서 포크를 사용하는 사람들이 점점 늘었어요. 이제는 모두가 사용하는 식사 도구가 되었어요.

> 생활 속 꿀팁!

포크와 나이프 놓는 모양에 담긴 뜻을 알아보자!

 서양 요리를 먹을 때 꼭 필요한 포크와 나이프. 접시 위에 포크와 나이프를 놓는 모양에 따라 담긴 뜻이 달라요. 상황에 따라 포크와 나이프를 어떻게 두어야 하는지 알아볼까요?

아직 식사 중입니다.

접시 가져가지 마세요.

다 먹었습니다.

다 먹었습니다.

음식이 정말 맛있네요.

다음 음식 주세요.

콕콕! 포크 갈퀴는 몇 개?

집에 있는 여러 가지 포크를 꺼내 보세요. 갈퀴가 몇 개인 포크가 가장 많나요? 갈퀴가 2개 또는 3개인 포크도 있지만, 대부분의 포크 갈퀴는 4개예요. 포크의 갈퀴 개수에 따라 기능도 달라져요.

갈퀴 하나. "포크라고? 이건 꼬챙이지!"

기능 ★☆☆ 디자인 ★☆☆

갈퀴가 1개일 때는 포크보다 '꼬챙이'에 가까워요. 1개의 갈퀴로는 음식을 고정하는 힘이 부족해요. 특히 두부나 복숭아처럼 부드럽고 미끄러운 음식일 경우 그대로 미끄러져 빠지기 쉬워요.

갈퀴 둘. "최초의 포크는 고기를 위해!"

기능 ★★☆ 디자인 ★☆☆

최초의 포크는 갈퀴가 2개였다고 전해져요. 갈퀴 길이가 무척 길어서 주방에서 고기를 썰 때 고정할 수 있었어요. 하지만 갈퀴가 긴 포크는 음식을 먹을 때 사용하기에는 불편했어요. 그래서 갈퀴의 길이가 짧고, 굵기도 가는 식사용 포크가 생겼어요. 하지만 포크의 두 갈퀴 사이 간격이 넓어 작고 무른 음식은 갈퀴 사이로 빠져나가 들어 올릴 수가 없었어요.

갈퀴 셋. "갈퀴는 늘리고, 간격은 좁히고!"

기능 ★★☆ 디자인 ★★☆

갈퀴가 2개인 포크의 단점을 보완하기 위해 갈퀴 하나가 더 생겼어요. 더 많은 갈퀴로 찍기 때문에 먹는 도중 음식이 떨어지거나 미끄러지는 일이 줄었어요. 현재는 어린이용 포크나 과일용 포크로 주로 사용돼요.

갈퀴 넷. "갈퀴 4개가 포크의 표준"

기능 ★★★ 디자인 ★★★

19세기 말 영국에서부터 갈퀴 4개인 포크가 표준으로 굳어졌어요. 갈퀴 3개인 포크보다 음식을 더 안정적으로 들어 올릴 수 있어서예요. 갈퀴가 3개인 포크가 무게가 세 곳으로 분산돼서, 갈퀴마다 $\frac{1}{3}$씩의 힘으로 음식을 들어 올리는 셈이에요. 갈퀴가 4개일 때는 음식의 무게가 네 곳으로 분산돼 갈퀴마다 $\frac{1}{4}$씩의 힘으로 들어 올려요. 갈퀴 개수가 많을수록 갈퀴 하나가 지탱하는 무게는 더 적기 때문에 음식을 안정적으로 들 수 있는 거예요. 갈퀴가 5개 이상인 포크도 가끔 있지만, 잘 쓰이지 않아요.

> 생활 속 꿀팁!

반짝반짝 아이디어 포크가 있다!

① 스푼과 포크를 합쳤다!

스푼과 포크를 합쳐 만든 것을 '스포크'라고 해요. 스푼과 포크를 따로 챙기지 않아도 돼서 캠핑과 같이 야외에서 밥을 먹을 때 편리하게 사용할 수 있어요. 다만 끝부분이 갈퀴로 되어 있어 국물을 먹을 때 적은 양밖에 담지 못해요. 또 갈퀴 길이가 짧아 음식이 잘 꽂히지 않아요.

② 한쪽은 스푼, 다른 한쪽은 포크!

한쪽 끝은 스푼으로, 다른 한쪽은 포크로 만든 것도 있어요. 스푼 방향으로 국물을 듬뿍 떠서 먹은 다음, 포크 방향으로 돌려서 음식을 콕 찍어 먹을 수 있어요. 하지만 양쪽을 번갈아 사용하다 보면 음식물이 손에 묻기 쉽다는 단점이 있어요.

용도에 따라 포크 모양도 가지각색?

서양에서는 음식의 종류에 따라 크기와 모양이 다른 그릇과 식사 도구를 써요. 포크의 크기와 모양도 달라지지요.

① "가장 많이 쓰여!" 테이블 포크

약 18~19cm 길이의 포크로, 메인 요리를 먹을 때 주로 사용해요. 대부분 갈퀴가 4개이고, '디너 포크'라고도 하지요. 보통 가정에서는 테이블 포크 한 가지만 사용하는 경우가 많아요. 고기, 생선 요리는 물론 파스타를 먹을 때도 사용해요.

② "달콤한 디저트는 이걸로!" 디저트 포크

아이스크림을 먹을 때 편리한 '아이스크림 포크'는 스푼처럼 둥그런 모양인데, 끝부분은 포크처럼 갈라져 있어요.

달콤하고 촉촉한 케이크를 먹을 때 쓰는 '케이크 포크'도 있어요. 길이는 약 13~14cm이고, 옆면으로 케이크를 자르기 쉽도록 가장 왼쪽 날이 칼날 모양으로 된 것도 있어요.

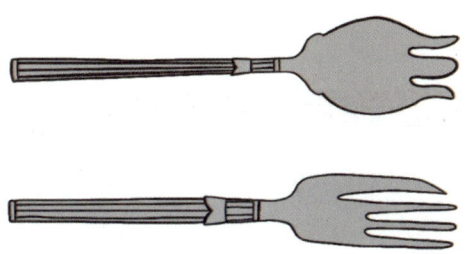

③ "삼지창을 닮았군!" 해산물 포크

해산물을 먹을 때 쓰는 포크는 포세이돈이 무기로 들고 다닌 삼지창을 닮았어요. 갈퀴 끝이 바깥을 향해 있어요. 부드럽고 잘 부서지는 생선 살을 고정하고, 미끄러운 해산물을 찍어 먹을 때 빠지지 않게 하기 위해서예요.

④ "달팽이 요리는 갈퀴 2개로!" 달팽이 포크

　달팽이 요리를 먹을 때 사용해요. 껍질 속에 있는 물컹한 달팽이를 꺼내려면 작지만 미끄러지지 않게 집을 수 있는 포크가 필요해요. 길이는 약 12cm 정도예요.

⑤ "게 다리 속살을 쏙 꺼내기에 딱!" 랍스터 포크

　게나 새우와 같은 갑각류 살을 발라낼 때 사용하면 편리한 포크예요. 긴 막대 끝에 짧은 2개의 갈퀴가 있어 보통의 포크와 다른 모양을 하고 있어요. 긴 게 다리 속살을 빼려면 막대는 길어야 하고, 갈퀴 개수도 적어야 해요. 길이는 17~20cm 정도로 긴 편이에요.

수학 UP! 문해력 UP! 읽고 풀어 봐~!

1. 사람들이 나이프, 스푼, 포크를 사용한 순서대로 나열한 것을 고르세요.
   ① 나이프 → 포크 → 스푼
   ② 나이프 → 스푼 → 포크
   ③ 스푼 → 포크 → 나이프
   ④ 스푼 → 나이프 → 포크

2. 아래 음식에 어울리는 포크를 〈보기〉에서 찾아 써 보세요.

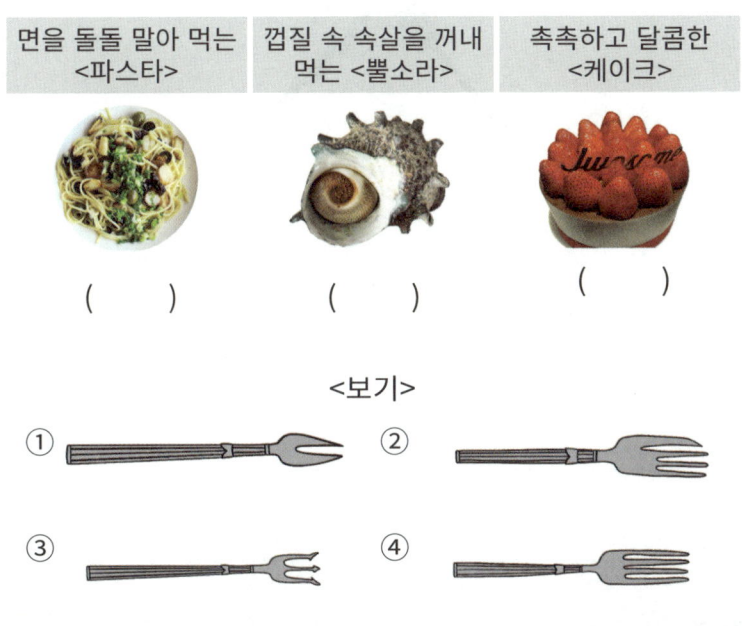

3. 접시 위에 포크와 나이프가 다음과 같이 놓여 있을 때 어떤 뜻을 나타내는지 써 보세요.

_____

_____

4. 포크의 갈퀴 개수가 여러 가지 있지만, 4개인 포크가 가장 많은 이유는 무엇인가요? 그 이유를 써 보세요.

_____

_____

정답

1. ② 나이프를 가장 먼저, 그 다음은 스푼, 그리고 포크를 가장 나중에 사용했다.

2. ④, ①, ②

3. 식사를 다 마쳤습니다. / 아직 식사 중입니다.

4. 갈퀴가 4개인 것이 음식을 찍어 들어 올릴 때, 무게를 분산해 떨어지지 않고 올릴 수 있기 때문이다. 디자인과 기능 면에서 가장 안정적인 것이 4개이다.

06. 연필은 왜 육각형이 많은 걸까?

❝ 육각형 연필은 언제 만들어졌을까? ❞

지금 우리가 쓰는 모양과 비슷한 연필은 1560년 무렵 만들어졌어요. 이탈리아의 한 부부가 납작한 막대기 사이에 흑연을 넣어 만들었어요. 샌드위치 모양 같았지요. 그 후 몇 년 뒤, 영국에서 질 좋은 흑연이 발견되면서 나무나 종이 사이에 가늘고 긴 흑연을 넣은 연필을 만들게 되었어요.

본격적으로 공장에서 연필을 만든 건 독일이었어요. '파버카스텔'이라는 회사는 1761년부터 지금까지 무려 260년이 넘도록 연필을 만들고 있어요. 파버카스텔은 연필의 모양, 길이, 그리고 연필심의 성질을 연구했어요. 그 결과 육각형 모양의 연필을 만들게 됐어요. 1905년에 만든 '카스텔9000'은 최초의 육각형 연필이에요.

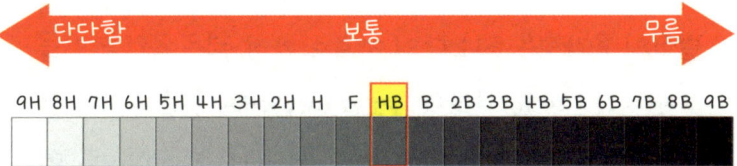

파버카스텔은 연필의 단단함과 진함 정도에 따라 연필을 18가지 종류로 나누고, 종류에 따라 H(Hard, 단단한), B(Black, 진함) 기호로 표시했어요. H 앞의 숫자가 클수록 딱딱하고 흐린 연필이고, B 앞의 숫자가 클수록 무르고 짙은 연필이에요.

4B 연필은 부드러우면서 명암을 나타내기 편리해서 미술에 많이 쓰여요. 학습용 필기에는 HB나 B가 더 적합해요. H와 B 이외에도 '굳은(Firm)'이라는 뜻의 기호 F도 있지만 널리 쓰이지는 않아요. 연필에 표시된 기호를 알면 연필심의 얼마나 짙고, 단단한지 알 수 있어요.

교과서 속 수학 개념!

초4 ·· 다각형

생활에서 육각형을 찾아봐~!

① "우리 집은 튼튼하고도 멋진 육각형 집이야!"
벌집의 육각형은 최소한의 재료로 가장 넓은 공간을 만들 수 있는 구조예요. 육각형 구조는 바깥에서 힘을 주어도 잘 비틀어지지 않아 튼튼해요. 벌집 구조에서 아이디어를 얻어 건축에서도 육각형 구조를 활용하고 있어요.

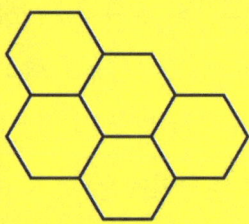

② "3000종이 넘는 눈꽃 모양도 육각형!"
겨울에 펑펑 내리는 눈을 가까이 관찰해 본 적이 있나요? 눈꽃의 모양은 무려 3000가지가 넘을 만큼 다르지만,

모두 육각형이에요. 그건 눈꽃을 이루는 물 분자들이 육각 결정 구조로 이뤄졌기 때문이에요.

③ "축구공에도 육각형이?!"

축구공에서도 육각형을 찾을 수 있어요. 동그란 축구공에는 오각형과 육각형을 볼 수 있어요. 정오각형 12개와 정육각형 20개로 이루어진 입체도형으로, 깎은 정십이면체라고 해요.

"왜 연필은 대부분 육각형일까?"

최초의 연필은 사각형 모양에 가까웠어요. 사각형 연필은 웬만해서는 잘 굴러가지 않아요. 또 나무판 사이에 연필심을 끼운 후 한 번만 자르면 돼서 만들기도 편해요. 하지만 사각형 연필의 가장 큰 단점은 연필을 잡기가 불편하다는 거예요. 연필은 보통 세 손가락으로 잡는데, 사각형은 변이 4개라서 각진 부분에 손가락이 닿게 돼요. 오랫동안 연필을 쥐고 있으면 손가락이 아플 수 있어요.

또 다른 연필 모양 후보는 원형이에요. 부드러운 곡선으로 이뤄져 연필을 오래 쥐어도 손가락에 자국이 생기지 않아요. 매끄럽고 동그란 모양은 보기에도 예뻐요. 하지만 데굴데굴 잘 굴러가요. 바닥에 떨어지면 연필심이 부러지기 쉽고, 연필을 오래 쓸 수 없어요. 이런 이유로 사람들은 사각형과 원형이 연필 모양으로 적절하지 않다고 생각했어요.

사각형, 원형 연필 대신 삼각형, 육각형 연필을 떠올렸어요. 세 손가락으로 연필을 잡으니 변의 개수가 3의 배수인

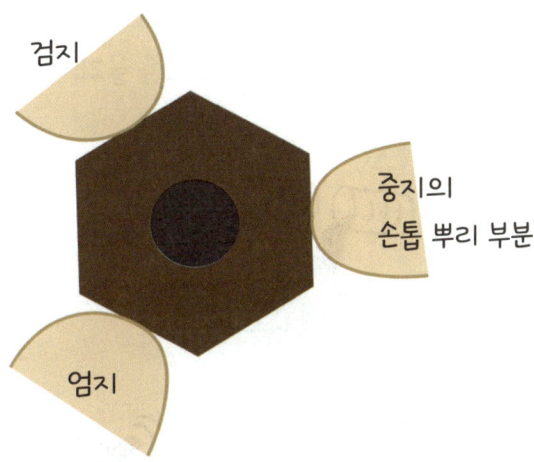

삼각형과 육각형을 생각한 거예요. 또 삼각형, 육각형 연필은 원형 연필보다 잘 굴러가지 않았어요. 하지만 삼각형 연필을 만들 땐 나무의 많은 부분을 깎아 내어 버리는 양이 많았어요.

따라서 연필의 모양으로 가장 적합한 모양은 육각형이라고 생각했어요. 1905년에 만들어진 최초의 육각형 연필 '카스텔9000' 이후, 대부분의 연필 회사는 육각형 연필을 만들게 됐어요.

> 생활 속 꿀팁!

① 연필심의 재료인 흑연과 점토를 물과 섞는다.

② 연필심 재료를 반죽한다.

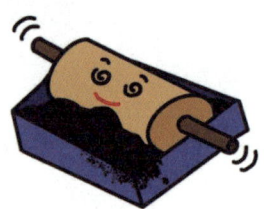

③ 기다란 모양으로 말리고 구워서 연필심을 만든다.

④ 연필판이 들어갈 나무판에 홈을 만든다.

⑤ 두 장의 나무판 사이에 연필심을 끼운 뒤 붙인다.

⑥ 원하는 모양으로 나무를 깎으면 연필 완성!

삼각형 연필의 좋은 점은 무엇일까?

연필을 잡을 때 보통 3개의 손가락을 사용해요. 엄지, 검지, 중지 사이에 연필을 끼워요. 삼각형 연필은 3개의 변에 각각 손가락을 대면 편하게 잡을 수 있어요. 그런데 삼각형 연필을 유심히 관찰해 보면 반듯한 직선으로 이뤄진 삼각형이 아니라 살짝 볼록한 삼각형이에요. 이렇게 볼록한 삼각형을 '뢸로 삼각형'이라고 해요. 뢸로 삼각형은 아래 그림과 같이 굴러갈 때 폭이 일정해요.

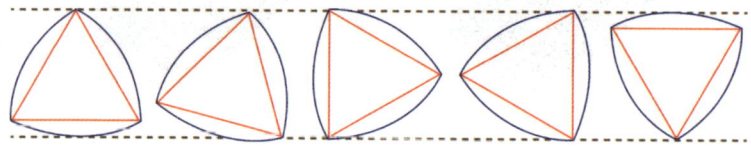

독일의 필기구 회사 '스테들러'에서는 뢸로 삼각형 모양의 연필을 처음으로 만들었어요. 볼록한 모양이라 손가락에 닿는 느낌도 편하고, 육각형 연필보다 각 손가락에 닿는 넓이가 넓어 연필이 잘 흔들리지 않아요.

글씨 쓰기를 연습할 때 삼각형 연필을 사용하면 도움이

될 수 있어요. 삼각형 연필의 각각의 변에 엄지, 검지, 중지 손가락을 데면 잡기 편하기 때문이에요. 연필을 쥘 때는 엄지와 검지로 연필의 뾰족한 부분에서 약 2~3cm 멀어진 곳을 잡고, 연필과 종이가 이루는 각도는 약 45°가 되도록 하면 바르게 연필을 잡을 수 있답니다.

교과서 속 수학 개념!

뢸로 삼각형 그리기

◎ 준비물 : 컴퍼스, 자, 연필, 종이

① 컴퍼스로 적당한 길이의 선분 AB가 되도록 점을 찍고, 자로 AB를 곧게 긋는다.

② 컴퍼스로 점 A와 점 B에서 반지름이 AB가 되도록 원호를 각각 그리고, 만나는 곳을 점 C로 표시한다. 그리고 선분 AC와 선분 BC가 되도록 자로 곧게 긋는다. 정삼각형 ABC가 완성된다.

③ 점 A, B, C에서 각각 원호를 그리면 볼록한 뢸로 삼각형을 그릴 수 있다.

초3 ·· 원 ― 초4 ·· 다각형

06. 연필은 왜 육각형이 많은 걸까?

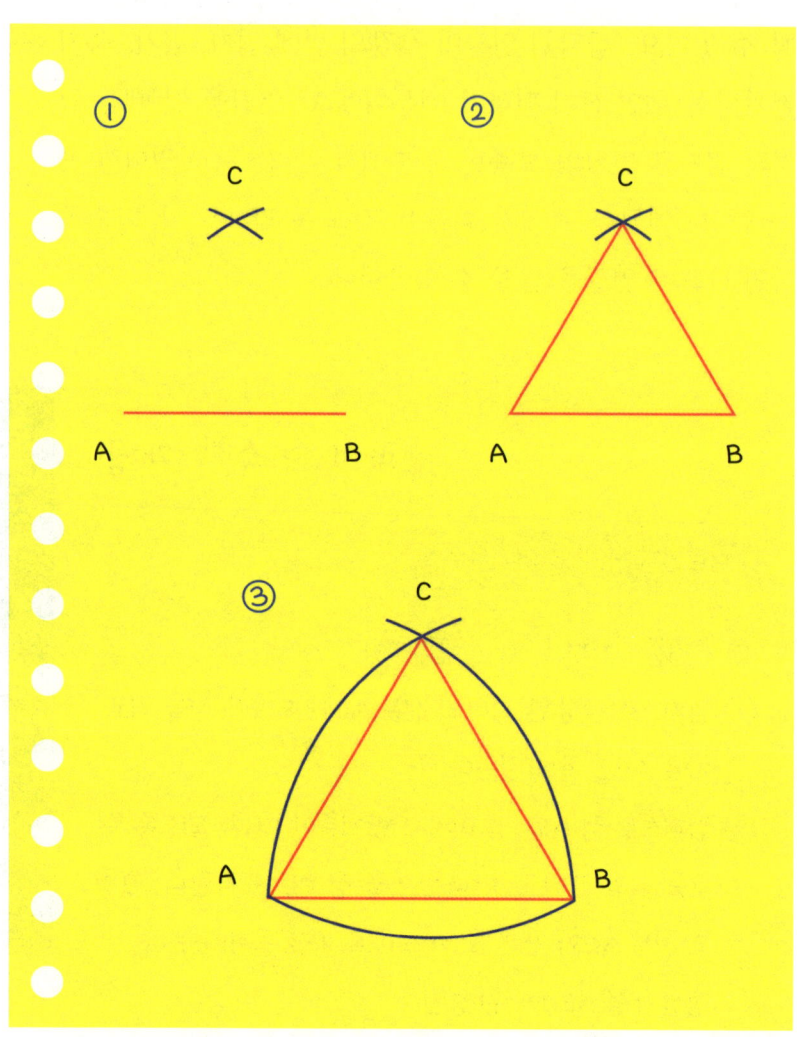

수학 UP! 문해력 UP! 읽고 풀어 봐~!

1. 연필 모양에 따른 특징을 선으로 연결해 보세요.

   ⓐ 삼각형 연필 · · ㉠ 매끄럽지만 데굴데굴 잘 굴러가요.

   ⓑ 원형 연필 · · ㉡ 연필 잡기 연습할 때 좋아요.

   ⓒ 사각형 연필 · · ㉢ 연필 중 가장 흔한 모양이에요.

   ⓓ 육각형 연필 · · ㉣ 잘 굴러가지 않고 연필을 잡기 불편해요.

2. 다음은 연필에 쓰여 있는 기호를 나타낸 것이에요. 가장 단단한 연필부터 순서대로 써 보세요. 그리고 이 연필 중 가장 짙은 연필은 무엇인지도 써 보세요.

   | HB | 4B | H | 5H | 9H | 8B |

   ① 단단한 연필 _____

   ② 가장 짙은 연필 _____

3. 연필 만드는 과정을 나타낸 것이에요. 순서에 맞게 나열해 보세요.

> ① 연필심 재료를 반죽한다.
> ② 원하는 모양으로 나무를 깎아 연필을 완성한다.
> ③ 기다란 모양으로 말리고 구워서 연필심을 만든다.
> ④ 연필심의 재료인 흑연과 점토를 물과 섞는다.
> ⑤ 두 장의 나무판 사이에 연필심을 끼운 뒤 붙인다.
> ⑥ 연필심이 들어갈 나무판에 홈을 만든다.

☐ ➡ ☐ ➡ ☐ ➡ ☐ ➡ ☐ ➡ ☐

4. 맞으면 ◯, 틀리면 ✕를 표시하세요.
   ① 최초의 연필 모양은 원형이었다. (　)
   ② 삼각형 연필은 만들 때 육각형 연필보다 나무를 버리는 부분이 많다. (　)
   ③ 뢸로 삼각형은 굴러갈 때 폭이 일정하다. (　)
   ④ 2B 연필은 4B 연필보다 진하다. (　)

5. 대부분의 연필 모양이 육각형인 이유를 써 보세요.

   _____

   _____

정답

1. ⓐ-ⓒ, ⓑ-ⓐ, ⓒ-ⓓ, ⓓ-ⓒ

2. ① 9H, 5H, H, HB, 4B, 8B
   ② 8B

3. ④ → ① → ③ → ⑥ → ⑤ → ②

4. ×, ○, ○, ×

5. 원형 연필보다 덜 굴러가는 장점이 있으면서 손가락으로 잡을 때도 편하다. 또 연필을 만드는 과정에서 버려지는 나무의 양도 적어 경제적이다.

> ### 07.
> # 국기는 모두
> # 직사각형 모양일까?

💬 대부분의 국기는 왜 사각형 모양일까? 💬

오래전 사람들은 깃발로 신호를 전했어요. 요즘처럼 휴대전화나 컴퓨터가 없었기 때문에 위험을 알리거나, 도움을 요청할 때 깃발을 사용했어요. 멀리 있는 사람에게도 소식을 전하려면 깃발은 눈에 잘 띄는 색깔에 쉽게 알아볼 수 있는 그림이어야 했어요.

나라마다 자신의 고유한 깃발을 갖게 되었는데, 그게 바로 '국기'예요. 국기에는 나라를 상징하는 것을 담아 표현했어요. 처음 바다에서 항해할 때 썼던 깃발의 모양은 가로가 긴 사각형이었어요. 띠처럼 길었지요. 바람이 불어 펄럭거려도 그림을 잘 볼 수 있었어요.

전 세계 나라의 국기는 모두 사각형이에요. 단 한 나라만 빼고 말이에요. 사각형 국기가 아닌 나라가 유일하게 있는데, 바로 네팔이에요. 네팔 국기는 삼각형 두 개를 붙인 독특한 모양이에요. 가로 보다 세로로 긴 국기도 네팔 국기뿐이에요.

원래 네팔의 국기 모양은 삼각형이었어요. 1700년대 네팔의 왕이 나라를 통일하게 되었는데, 그때 달과 태양과 관련된 두 가문을 상징하는 깃발을 걸었어요. 따로 걸었던 두 개의 깃발은 1800년대부터 삼각형 두 개를 붙이면서 오늘날의 네팔 국기가 되었어요.

교과서 속 수학 개념!

삼각형

삼각형은 변의 길이에 따라 정삼각형, 이등변삼각형, 세 변의 길이가 모두 다른 삼각형으로 나눌 수 있어요.

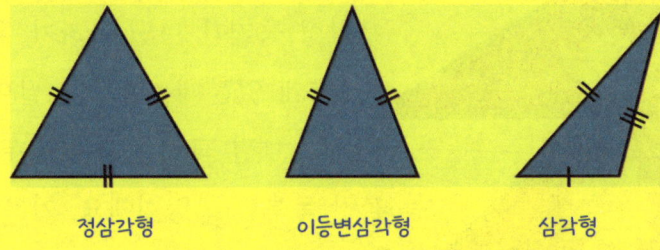

정삼각형   이등변삼각형   삼각형

또 각의 크기에 따라 모든 각이 예각이면 예각삼각형, 하나의 각이 직각이면 직각삼각형, 둔각(180°보다 큰 각)이 있으면 둔각삼각형으로 나눌 수 있어요.

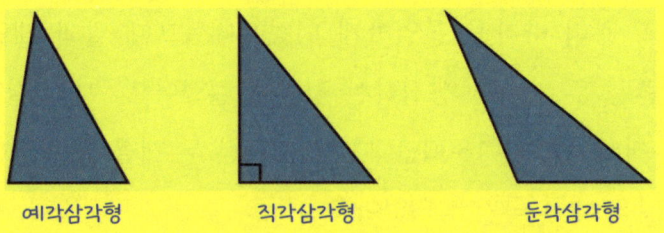

예각삼각형   직각삼각형   둔각삼각형

※ 네팔 국기는 직각삼각형 2개가 겹쳐진 모양이에요.

초4 :: 삼각형

" 국기는 다 똑같은 비율의 사각형일까? "

　다음 나라의 국기를 살펴보세요. 모두 다 똑같은 사각형처럼 보이나요? 한눈에 보아도 카타르 국기는 가로로 긴 사각형이고, 스위스는 색종이처럼 가로와 세로 길이가 같아 보여요. 또 미국과 캐나다도 다른 국기에 비해 가로로 좀 더 길다는 걸 알 수 있어요. 언뜻 보기엔 국기가 다 똑같은 사각형처럼 보이지만 사실은 가로와 세로의 길이 비가 달라요.

* 나라 (가로:세로)

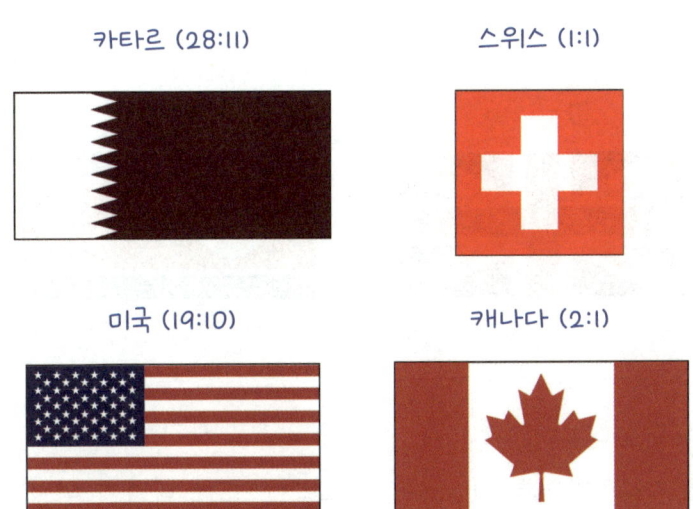

카타르 (28:11)   스위스 (1:1)

미국 (19:10)   캐나다 (2:1)

대한민국 (3:2)   프랑스 (3:2)

우리나라와 중국의 국기는 가로와 세로가 3:2인 직사각형이에요. 일본, 프랑스를 포함해 90개 나라의 국기는 3:2인 사각형이에요. 세계 여러 나라 국기 중에서 3:2 비의 사각형 국기가 가장 많아요.

영국 (2:1)   북한 (2:1)

그다음으로는 가로와 세로가 2:1인 사각형 국기가 많아요. 영국과 캐나다, 북한을 포함한 53개 나라가 이런 사각형 모양이에요. 세 번째로는 가로와 세로가 5:3인 사각형 국기도 많아요. 독일, 방글라데시, 불가리아와 같은 나라를 포함한 17개 나라의 국가가 5:3 사각형이에요. 193개국 나라 중에 160개 나라의 국기는 이 세 가지 직사각형 중 하나예요.

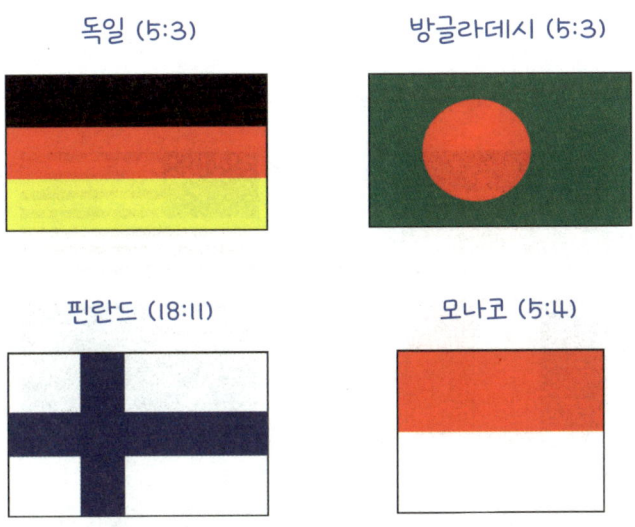

나라마다 자신만의 비를 가진 국기를 쓰는 나라도 있어요. 미국은 비가 19:10, 핀란드는 18:11, 모나코는 5:4, 카타르는 28:11인 사각형 국기예요. 세계 여러 나라의 국기 중에는 네팔과 같이 독특한 모양의 국기도 있고, 모든 국기가 다 똑같은 사각형이 아니라는 점을 잊지 마세요!

“국기는 왜 줄무늬, 별 등 비슷한 모양이 많을까?”

세계 여러 나라의 국기를 살펴보면 비슷한 국기가 많다는 걸 알 수 있어요. 국기의 그림에 따라 크게 4종류로 나눌 수 있어요.

첫 번째로 2~3가지 색깔로 이뤄진 줄무늬 국기가 있어요. 줄무늬 국기는 주로 유럽이나 아프리카 국기에서 많이 볼 수 있어요. 두 번째로는 국기 왼쪽 윗부분을 '캔턴'이라고 하는데, 이 부분에 문양을 넣은 국기예요. 이런 국기를 '캔턴기'라고 해요. 세 번째는 기독교의 영향을 받아 십자가 모양을 넣은 국기예요. 스위스, 덴마크, 노르웨이와 같은 나라 국기에는 십자가 모양이 있어요. 마지막으로는 이 세 가지에 해당하지 않는 개성 만점 국기예요. 나라만의 문화를 상징하는 동물이나 문양을 넣은 국기지요. 우리나라 국기인 태극기도 개성 만점 국기에 속해요. 세계 여러 나라의 국기가 어디에 속하는지 나눠 보세요.

또 세계 여러 나라의 국기를 관찰하다 보면, 같은 색깔에 줄무늬까지 똑같은데 순서와 방향만 다른 국기도 많아요. 아래 3개의 국기는 모두 빨강, 파랑, 흰색으로 3개의 같은 색깔로 이뤄졌어요. 또 모두 줄무늬예요. 네덜란드와 러시아는 같은 가로 줄무늬인데 색깔의 순서만 조금 달라요. 프랑스는 세로 줄무늬 국기예요.

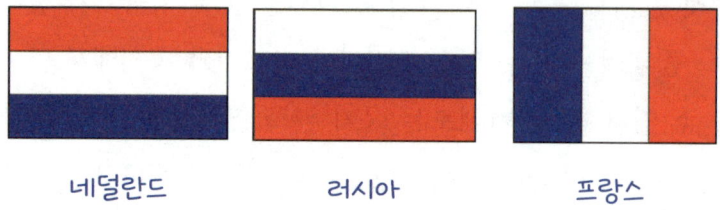

네덜란드   러시아   프랑스

　오스트레일리아와 뉴질랜드 국기도 비슷해요. 두 국기 모두 캔턴에 영국 국기인 유니언 잭이 있고, 파란색 바탕에 별이 있어요. 오스트레일리아 국기에는 6개의 흰 별이 있고, 뉴질랜드 4개의 붉은 별이 있다는 것만 달라요. 세계 여러 나라 국기를 볼 때 어떤 점이 비슷한지, 다른지 비교하고 나눠 보세요.

오스트레일리아   뉴질랜드

교과서 속 수학 개념!

사각형

① 사다리꼴 : 한 쌍의 변이 평행한 사각형
② 평행사변형 : 두 쌍의 변이 평행한 사각형
③ 마름모 : 네 변의 길이가 같은 사각형
④ 직사각형 : 네 각의 크기가 같은 사각형
⑤ 정사각형 : 네 변의 길이가 같고, 네 각의 크기가 같은 사각형

초4 :: 사각형

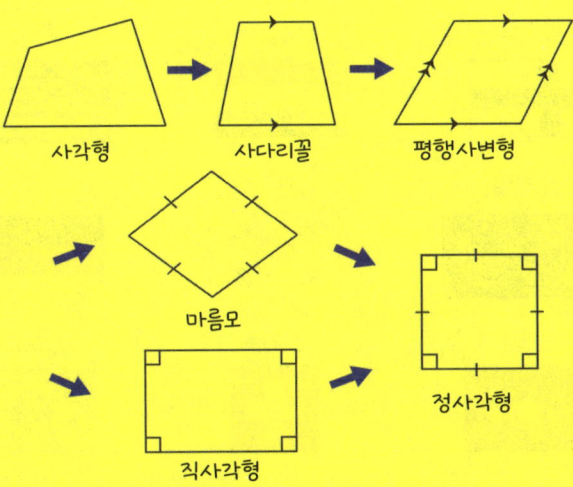

* 네팔을 제외한 모든 국기는 직사각형이에요.
그중 스위스 국기는 유일한 정사각형 국기랍니다.

수학 UP! 문해력 UP! 읽고 풀어 봐~!

1. 맞으면 O, 틀리면 X를 표시하세요.

   ① 전 세계의 모든 국기는 사각형이다. ( )
   ② 국기 중 가장 많은 모양은 가로와 세로가 2:1인 사각형이다. ( )
   ③ 독일, 프랑스, 이탈리아 국기는 모두 줄무늬 국기이다. ( )
   ④ 세계 국기 중 가로가 가장 긴 사각형은 카타르 국기다. ( )
   ⑤ 덴마크, 핀란드 국기에는 모두 별 모양이 있다. ( )
   ⑥ 스위스 국기는 정사각형이다. ( )

2. 다음 국기를 모양에 따라 두 가지 방법으로 나눠 보세요.

   기준 ① :

   기준 ② :

3. 다음 글을 읽고, 표 안에 나라 이름을 써 보세요.

> 우리나라와 중국의 국기는 가로와 세로가 3:2인 직사각형이에요. 일본, 프랑스를 포함해 90개 나라의 국기는 3:2인 사각형이에요. 세계 여러 나라 국기 중에서 3:2 비인 국기가 가장 많아요.
>
> 그다음으로는 가로와 세로가 2:1인 사각형 국기가 많아요. 영국과 캐나다, 북한을 포함한 53개 나라가 이런 사각형 모양이에요. 세 번째로는 가로와 세로가 5:3인 사각형 국기도 많아요. 독일, 방글라데시, 불가리아와 같은 나라를 포함한 17개 나라의 국가가 5:3 사각형이에요. 193개국 나라 중에 160개 나라의 국기는 이 세 가지 직사각형 중 하나예요.

3:2 국기	2:1 국기	5:3 국기

정답

1. ×, ×, ◯, ◯, ×, ◯

2. 예) 줄무늬가 있는 국기(네덜란드, 미국, 독일)
   줄무늬가 없는 국기(핀란드, 오스트레일리아, 대한민국, 베트남, 스위스, 브라질)
   별이 있는 국기(미국, 오스트레일리아, 베트남, 브라질)
   별이 없는 국기(핀란드, 네덜란드, 대한민국, 독일, 스위스)
   빨간색이 들어간 국기(네덜란드, 미국, 오스트레일리아, 대한민국, 독일, 베트남, 스위스)
   빨간색이 없는 국기(핀란드, 브라질)

3.

3:2 국기	2:1 국기	5:3 국기
대한민국	영국	독일
중국	캐나다	방글라데시
일본	북한	불가리아
프랑스		

08. 바퀴는 꼭 동그란 원 모양이어야 할까?

❝ 바퀴는 왜 동그란 원 모양일까? ❞

이 세상에 처음 나온 바퀴는 약 기원전 5000년 전으로 추정되며, 통나무를 그대로 잘라 쓴 형태의 모습이었어요. 이후 약 기원전 3000년경 나무판자 세 조각을 구리 못으로 연결한 판자 바퀴가 있었어요. 사람들은 동물이 끄는 전차에 바퀴를 달아 물건을 싣거나 이동했어요.

그러다가 기원전 2000년경 바큇살을 붙여 빠르게 구르고 충격도 흡수하는 '살바퀴'가 등장했어요. 고대 히타이트족이 살바퀴를 최초로 사용했어요. 살바퀴가 등장한 후, 바퀴 가장자리에 가죽이나 금속 등으로 보호한 모양의 바퀴가 이집트, 로마 시대를 거쳐 19세기까지 사용되었어요.

거친 바닥을 구르면서 바퀴 가장자리가 금방 닳아졌기 때문이에요. 그러다가 고무 타이어가 등장했고, 오늘날 대부분의 바퀴는 고무로 만든 타이어가 대부분을 차지하고 있어요.

최초의 바퀴부터 오늘날의 바퀴까지, 아주 오랜 시간 동안 바퀴의 소재도 모양도 다르지만 바퀴의 모양이 '원'이라는 건 똑같아요. 바퀴가 원 모양인 이유는 뭘까요? 바퀴는 무거운 물건을 옮기거나 사람이 이동하는 차에 필요해요. 잘 굴러가야 하고, 물건이나 사람이 넘어지지 않도록 안전해야 해요. 이런 특징을 모두 만족하는 도형이 바로 '원'이에요.

원은 '평면 위에 고정된 한 점에서 같은 거리에 있는 점들을 모은 것'을 뜻해요. 원 모양의 바퀴는 굴러가더라도 바퀴의 중심과 땅 사이의 거리가 항상 일정하게 유지되어요. 그래서 땅 위에서 덜컹거리지 않고 안전하게 굴러갈 수 있어요.

교과서 속 수학 개념!

원의 크기는 달라도 '이것'은 모두 같아!

'π' 이런 문자를 본 적이 있을 거예요. '파이'라고 읽고, '원주율'을 뜻해요. 원주율이란, 원의 지름에 대한 원둘레의 비율을 뜻해요.
원의 크기가 달라도 이 값은 항상 똑같고, 약 3.14…예요.

원주율을 계산한 사람은 고대 그리스의 수학자 아르키메데스예요. 아르키메데스는 다각형을 이용해 원주율을 계산했는데, 그 값이 매우 근사한 값을 나타냈어요. 96면 다각형을 이용해 3.1485의 평균값을 얻었어요.

초3 ·· 원 — 초6 ·· 원의 넓이

> 원주율 값은 불규칙 무한소수로, 3.1415926535897932..
> 끝없이 이어져요. 주로 근삿값으로 3.14로 사용한답니다.

"사각형 바퀴? 삼각형 바퀴도 있다고?"

사각형, 또는 삼각형 바퀴는 없을까요? 원 모양의 바퀴가 평평한 땅에서는 잘 굴러가지만, 울퉁불퉁한 땅에서는 덜컹거리고 잘 굴러가지 않을 수 있어요. 땅의 모양에 따라 사각형 또는 삼각형 바퀴도 굴러갈 수 있어요.

먼저 사각형 바퀴를 생각해 봐요. 다음 그림과 같이 정사각형 바퀴가 있어요. 정사각형의 두 대각선이 만나는 곳을 바퀴의 중심으로 정해요. 그다음으로는 바퀴의 중심이 직선이 되도록 천천히 한 바퀴를 굴려요. 그다음에 기준선과 평행하면서 사각형의 꼭짓점이 가장 멀어지는 점을 찍어요. 마지막으로 바퀴를 다시 한 바퀴 더 굴려 꼭짓점이 볼록한 곳에 들어가도록 그리면 사각형 바퀴가 굴러갈 수 있는 도로가 완성돼요.

삼각형 바퀴도 같은 방법으로 그리면 그림과 같이 삼각형 바퀴가 굴러가는 도로가 완성돼요.

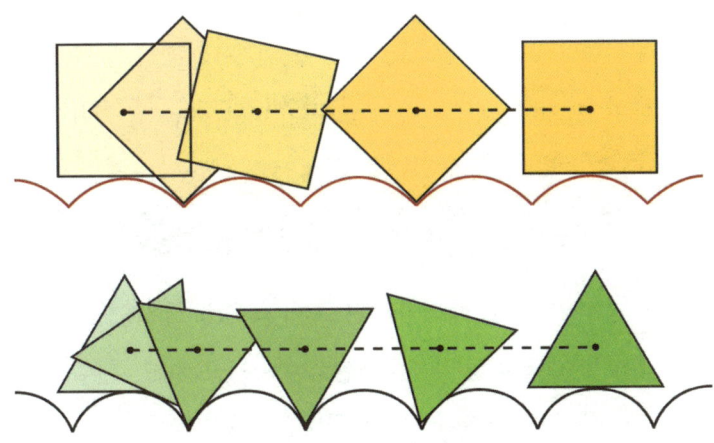

사각형 바퀴가 굴러가는 도로 모양과 삼각형 바퀴가 굴러가는 도로 모양을 비교해 보면, 정삼각형 바퀴에 알맞은 도로가 더 볼록하다는 걸 알 수 있어요. 정사각형이 바퀴 중심에서 각 변과 꼭짓점에서 이르는 거리의 차가 더 적기 때문이에요.

사각형과 삼각형뿐 아니라 모든 정다각형으로 바퀴를 만

들 수 있어요. 각 정다각형의 중심을 찾고 굴리면 도형에 맞는 횡단보도 길을 만들 수 있으니까요. 정다각형의 변의 개수가 많아질수록 구불거리는 땅의 모양도 평평한 것에 가까워져요.

교과서 속 수학 개념!

다각형 바퀴가 굴러가는 도로의 곡선 '현수선 곡선'

다각형 바퀴가 잘 굴러가려면 그에 꼭 맞는 볼록한 곡선의 바닥이 필요한데, 이 곡선을 '현수선'이라고 해요. 현수선은 두 기둥 사이에 축 늘어진 사슬 모양을 띠고 있어요.
이 현수선을 처음 연구한 사람은 이탈리아의 수학자 갈릴레오 갈릴레이였어요. 갈릴레이가 현수선의 모양을 수학으로 증명하려고 노력했어요. 비록 갈릴레이의 증명은 훗날 다른 수학자에 의해 틀렸다는 것이 밝혀졌어요. 스위스의 수학자 요한 베르누이와 독일의 수학자 라이프니츠 등 여러 수학자에 의해 현수선 곡선을 수학적으로 밝혀냈답니다. 현수선은 건축물이나 아치형 다리 등에 활용되고 있어요.

원이 아닌 모양의 바퀴도 굴러갈 수 있을까?

원 모양의 바퀴가 잘 굴러갈 수 있는 이유는 굴러갈 때 폭이 일정하기 때문이에요. 원과 같이 폭이 일정한 도형을 '정폭도형'이라고 해요.

정폭도형에는 원만 있는 것이 아니에요.

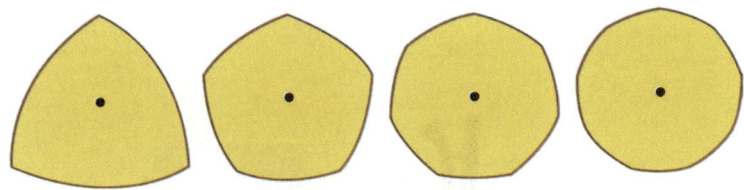

그림과 같이 다각형의 각 변이 살짝 볼록한 도형들은 모두 접하는 평행선이 일정해요. 뢸로 삼각형, 뢸로 오각형, 뢸로 칠각형, 뢸로 구각형이라고 불러요.

다각형 앞에 '뢸로'라는 이름을 붙인 것은 19세기 독일의 기계공학자인 '프란츠 뢸로'가 처음으로 뢸로 삼각형을 만들었기 때문에 이름을 따서 지은 것이에요.

이 도형들은 원은 아니지만, 굴러갈 때 폭이 일정하기 때문에 평평한 바닥에서도 굴러갈 수 있어요. 실제로 2008년 베이징 올림픽을 기념해 중국의 발명가인 구안 바이후아는 뢸로 다각형 모양의 바퀴 자전거를 세상에 선보였어요. 앞바퀴는 뢸로 오각형, 뒷바퀴는 뢸로 삼각형 모양의 바퀴를 달고 있어요. 이 뢸로 다각형 모양의 자전거 바퀴는 생각보다 부드럽게 잘 굴러갔어요.

생활 속 꿀팁!

맨홀 뚜껑이 원 모양인 이유도 '정폭도형'이기 때문!

길을 걷다 보면 바닥에 동그란 구멍 뚜껑이 있는 걸 볼 수 있어요. 지하에 있는 수도관이나 가스관 등을 검사하거나 청소를 하기 위해 사람이 내려갈 수 있는 구멍을 만들어 놓은 것으로 '맨홀(manhole)'이라고 해요. 대부분의 맨홀 뚜껑은 원 모양이에요. 그 이유는 맨홀 뚜껑이 구멍 속으로 빠지지 않기 위해서예요. 어느 방향에서도 폭이 일정하기 때문에 뚜껑이 바닥에 빠지지 않아요. 정폭도형의 성질을 이용한 것이에요. 대부분의 맨홀 뚜껑은 원 모양이지만, 간혹 해외에서 여행을 하다 보면 삼각형 모양의 맨홀 뚜껑도 발견할 수 있는데 정폭도형 중 하나인 뢸로 삼각형이란 걸 알 수 있어요.

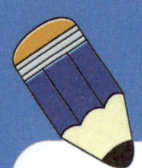

수학 UP! 문해력 UP! 읽고 풀어 봐~!

1. 최초의 바퀴부터 오늘날의 바퀴까지, 아주 오래 긴 시간 동안 바퀴의 소재도 모양도 다르지만 바퀴의 모양이 '원'이라는 건 똑같아요. 바퀴가 원 모양인 이유는 무엇인지 써 보세요.

   _____

   _____

2. 다음은 원 모양의 바퀴예요. 이 원의 지름은 50cm예요. 바퀴 둘레의 길이를 구해 보세요. (힌트: 원주율을 근삿값 3.14로 계산하세요.)

식: _____

답: _____

3. 아래 그림과 같이 사각형 바퀴가 굴러갈 때, 바닥의 볼록한 곡선 이름은 무엇인가요?

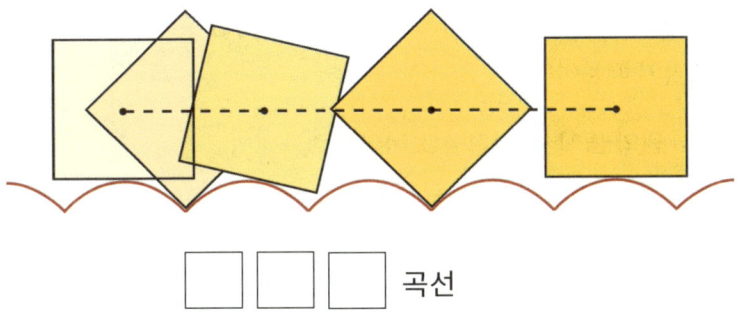

☐☐☐ 곡선

4. 아래와 같이 폭이 일정한 도형을 '정폭도형'이라고 해요. 정폭도형에 대한 설명으로 옳지 않은 것을 고르세요.

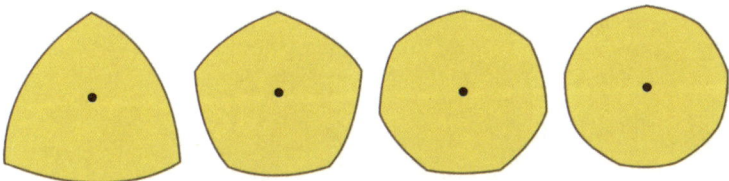

① 원은 정폭도형이다.
② 다각형의 이름 앞에 '뢸로'를 붙이는 것은 독일의 기계공학자 프란츠 뢸로가 처음 뢸로 삼각형을 만들었기 때문이다.
③ 정폭도형은 원과 위의 4개 정폭도형까지 모두 5개뿐이다.
④ 맨홀 뚜껑을 원으로 만드는 이유도 정폭도형의 성질을 이용한 것이다.

정답

1. 잘 굴러가면서도 물건이나 사람이 넘어지지 않도록 안전하게 굴러가기 때문이다.

2. 식 : 원의 둘레 ÷ 지름 = 3.14이므로,
   원의 둘레 = 50 × 3.14 = 157
   답 : 157cm

3. 현수선

4. ③